Ladislaus Boros
Der anwesende Gott

Herderbücherei Band 441 · 192 Seiten

Schon mancher Denker ist an dem Versuch gescheitert, Gott so schlüssig zu beweisen, daß man den Beweis für seine Existenz schließlich klar auf der Hand liegen hätte. Daß derartige Versuche verfehlt sind, müssen besonders heute alle die Menschen erfahren, für die Gott keine greifbare Realität mehr ist, die aber dennoch Suchende sind und vielleicht bitter unter ihrer existentiellen Richtungslosigkeit leiden.

Wenn Gott schon nicht im empirischen Sinne bewiesen werden kann, so können doch Wege zu ihm aufgezeigt werden, so kann doch die Haltung eingeübt werden, die für ihn offen macht. Damit ist das Anliegen dieses Bändchens gekennzeichnet. Der Autor zeigt an der Person Jesu auf, daß der heutige Mensch, um Gott existentiell erleben zu können, das meiste vergessen muß, was er über Gott gehört hat. Statt dessen bietet er einfache Betrachtungen an: wie Jesus gesprochen hat, wie er die Haltung der Liebe, der Demut, des Erbarmens verwirklicht hat, wie er geschwiegen hat und so fort. Bei all diesen Betrachtungen zeigt er, daß sich in Jesus einerseits Menschlichkeit erfüllt hat, daß bei ihm zugleich aber die Grenzen des Nur-Menschlichen gesprengt sind. Diesen Weg mitzugehen lädt der Verfasser ein.

Herderbücherei

Herderbücherei

Band 512

Über das Buch

Mit diesem Buch wird dem Leser keine leichte Lektüre vorgestellt. Doch will, so scheint uns, der heutige Leser gar nicht Bücher, die er mühelos lesen kann. Er will Schriften in die Hand nehmen, die ihn zum Nachdenken anregen. Der Verfasser hat diese Schrift sinngemäß in drei Teile geordnet: Kreuz – Hoffnung – Vollendung. Diese drei sollten vom Christen in seinem eigenen Leben bewältigt werden. Den Kreuzweg des eigenen Lebens müßte er gehen, nicht nur schleppend, sondern, wenn möglich, in der Freude. Das „Hinausgerissenwerden“ aus seinen Denkformen, Beengungen und Gewohnheiten sollte er in jenem Geist durchhalten, der Hoffnung heißt. Auch ist ihm aufgetragen, und dies ist manchmal sehr schwierig, das eigene Leben als eine Entfaltung auf den Himmel hin anzunehmen. Diese drei können nur vom Gebet her bewältigt, ja überhaupt bestanden werden. Durch dieses „bewältigte Christsein“ entsteht im Menschen „geborgene Existenz“.

Über den Autor

Ladislaus Boros – 1927 in Budapest geboren. Honorarprofessor für Religionsphilosophie an der Universität Innsbruck. – Entscheidende Veröffentlichungen: Mysterium Mortis – Der Mensch in der letzten Entscheidung (⁹1971); Erlöstes Dasein (¹⁰1968); Im Menschen Gott begegnen (⁴1970); Der gute Mensch und sein Gott (³1971); Über das christliche Beten (1973); Engel und Menschen (1974).

Ladislaus Boros

Geborgene Existenz

Christliches Leben als Hoffnung

Herderbücherei

Veröffentlicht als Herder-Taschenbuch

Herder Freiburg · Basel · Wien
Freiburger Graphische Betriebe 1975
ISBN 3-451-07512-1

Inhalt

Vorwort

Diese Schrift nennt sich „Geborgene Existenz". Der Titel bezeichnet den zentralen Gedanken genau: Wie wird meine konkrete Existenz „geborgen"? Wie bewältige ich mein Leben?

Was haben wir in unserem christlichen Dasein zu bewältigen. Zuerst das Kreuz: Jenes Unverständliche, wogegen das bedrohte Leben in uns sich auflehnt. Den Kreuzweg des Lebens zu begehen, nicht nur schleppend, sondern – wenn und soweit möglich – sogar in der Freude, das wäre vielleicht eines der größten Zeugnisse christlichen Daseins. Dann die Hoffnung: Das christlich-menschliche „Herausgefordertsein" bedarf auch der Bewältigung. Es ist nicht leicht, ständig herausgerissen zu werden aus unseren Denkformen, Beengungen und Gewohnheiten. Manchmal wäre es so angenehm, irgendwo sich häuslich niederzulassen und dem Ende entgegenzuharren. Doch ist das menschliche und erst recht das christliche Leben ganz anders angelegt: Es kommt nie zu Ende, sondern öffnet sich neuen Dimensionen und Aufgaben bis zum Tod, ja, selbst darüber hinaus. Schließlich die Vollendung: Das christliche Leben ist eine Entfaltung auf den Himmel hin. Von dieser Vollendung sollte der Christ bereits in seinem irdischen Leben Zeugnis ablegen. Das Licht des Himmels sollte er herbeiholen in das Graue des Alltags. Alle drei kann man nur vom Gebet her bewältigen, ja überhaupt bestehen.

In dieser Schrift habe ich Texte gesammelt und zur Einheit gebracht, die ich in verschiedenen Beiträgen zum Teil bereits veröffentlicht habe. Ich selber war erstaunt, in welch gedanklicher Nähe die einzelnen Texte stehen. Es machte mir deshalb nicht viel Mühe, sie in eine Ganzheit zusammenzuschweißen. Was an den Texten geändert wurde, sind lediglich einige Auslassungen (damit der gleiche Gedanke nicht wiederholt wird) und einige Textkorrekturen (nur dort, wo ich glaubte, in Vertiefung der Gedanken weitergekommen zu sein).

Von diesem kurzen Durchblick her dürfte dem Leser bereits klargeworden sein, daß ich ihm keine „leichte Lektüre" vorlege. Doch will, so scheint mir, der heutige Christ gar nicht Bücher, die er mühelos lesen kann. Er will Schriften in die Hand nehmen, die ihn zum Nachdenken anregen und von ihm auch Betrachtung fordern. Ob mir ein solches Buch gelungen ist, das soll der Leser selber beurteilen.

Cham, Herbst 1974 *Ladislaus Boros*

Erster Teil

Kreuz

Kreuz bedeutet für einen Christen, daß er das Leben mit all seiner Sinnlosigkeit auf sich nimmt, die Unverständlichkeit nicht abtut, sondern sie durchleidet. Ohne dieses Durchlittenwerden würde unsere Existenz verkümmern. Wenn ich vom „Durchleiden“ spreche, so meine ich den Ausdruck sehr ernst. Das Leid des Menschen kann man nicht „erledigen“. Ja, selbst schlüssige Antworten kann man nicht geben. Im Letzten wird man einem leidenden Menschen wohl nicht mehr geben können als unsere eigene Gegenwart. Deshalb hat Christus das Kreuz auf sich genommen. Er ist hineingegangen in die Unverständlichkeit unseres eigenen Lebens. Sogar so weit ist er in sie hineingegangen, daß er am Ende seinem Vater das Wort entgegenschreien mußte: „Mein Gott, mein Gott, warum hast du mich verlassen!“ In dieser äußersten Einsamkeit schenkte er uns allen seine Nähe. Man darf über das Kreuz des Menschseins keine großen Worte machen. Es ist jeweils einmalig. Deshalb möchte ich hier einige Versuche vorlegen, die in gebührender Zurückhaltung über dieses Letzte unserer Existenz zu sprechen versuchen. Ich möchte so mich gleichsam neben meine Freunde hinsetzen und ihnen schlicht sagen: Habe Mut, du bist nicht allein! Vielleicht wird dieses schlichte Wort einigen helfen, weil es aus Freundschaft gesprochen wurde.

Elend und Größe christlicher Existenz

Die wesentliche Botschaft des Neuen Bundes ist die Verkündigung: In Christus hat sich eine völlig neue Seinsdimension aufgetan, der Himmel. Dieser wächst und reift in den Kindern Gottes, in den Brüdern und Schwestern Jesu Christi. Der Mensch ist seither nicht mehr aus seiner irdischen „Vorhandenheit" zu verstehen. Sein Leben ist auf den Himmel hin entworfen, auf einen Zustand hin, der nahe ist und trotzdem immer noch aussteht. Was vorher geschieht – all das Suchen und Tasten, das zum größten Teil die Geschichte der Menschheit und eines jeden von uns ausmacht –, ist nur Geburt. Die Welt entsteht erst, indem der Mensch den Himmel betritt. Wir leben also im eigentlichsten Sinne des Wortes noch nicht. Das Eigentliche sehen, hören und ergründen wir noch nicht. Das Leben ist noch nicht da. Es kommt auf uns zu. Das Wesen des Menschseins liegt noch an der Front. Daraus erwächst die christliche Forderung: Dein einmaliges Leben muß dir „gelingen", damit die Welt durch dich Vollendung erlangt.

Das gelungene menschliche Sein: Tugend

Das „gelungene menschliche Sein" heißt im Sprachgebrauch der alten Theologie „Tugend". Unter Tugend verstehen wir nicht eine „bürgerliche Bravheit" oder eine „zahme Ordentlichkeit". Im Gegenteil: Sie ist die explosivste Wirklichkeit, die es in unserer Welt geben kann. Sie steht im diametralen Gegensatz zu dem, was das Wort in unserem alltäglichen Sprachgebrauch so stillos, abgeschmackt und bieder klingen läßt. Sie ist die Erfüllung menschlichen Seinkönnens. Eine Erfüllung, die nicht nur hie und da, nicht nur gelegentlich eintrifft, sondern als dauernde Ausrichtung auf das Wesenhafte in die menschliche Existenz entscheidungshaft heimgeholt ist. Tugend ist demnach das Unkonventionellste und Unwahrscheinlichste, das uns in unserer Welt begegnen kann: durch eigene Anstrengung verwirklichte und zeugnishaft gelebte menschliche Wesentlichkeit. Sie äußert sich zwar in einzelnen Handlungen, ihr Wesen besteht aber in der Gesinnung. Sie ist die „Tiefenströmung" des konkret verwirklichten Schicksals, die Weite und die Eindringlichkeit des Fühlens, Erkennens und Entscheidens. In einem „tugendhaften" Menschen würde etwas wirken, das Thomas von Aquin mit dem seltsamen Ausdruck „opinio vehemens" bezeichnet hat: die Gehobenheit, Eindringlichkeit und die geballte Kraft des Lebensvollzugs. Seine Existenz wäre „glühend" und durchsichtig auf den Grund der Seienden hin.

Der Maßstab des Gelingens: Selbstlosigkeit

Diese zeugnishafte Transparenz seiner Existenz hätte ihren Ursprung in der Selbstlosigkeit. Diese ist das Maß und der Maßstab jeglichen „tugendhaften" Daseinsvollzugs: die gültig gewordene Selbstüberwindung des Herzens, die Vornehmheit und Feinheit der Begegnung, die Empfindlichkeit für das fremde Sein. Diese Haltung verwirklicht sich wiederum nur in jenen Menschen, deren Daseinsregungen vom eigenen Selbst „fort-gehen", in deren Lebens- und Erlebenszentrum primär der andere steht und nicht das eigene Ich. Der Mensch nimmt sich zusammen und verschenkt sich; er geht in die Absichtslosigkeit hinein und wird darin offen; er schaut nicht mehr auf sich zurück, sondern bringt sich zum Einsatz im Dienst am Bruder. Tiefstes und eigentlichstes Selbstsein heißt somit Selbstlosigkeit. In ihr verwirklicht sich jene Empfängnisbereitschaft, die Christus in seiner unvergeßlichen Forderung „Armut im Geiste" genannt hat und die einzig fähig ist, am Ende des Lebens restlos „leere Hände" Gott entgegenzustrecken und darin die Fülle der Vollendung, den Himmel, als unverdientes Geschenk zu empfangen.

Die „Sünde des Lebens"

Diese unauffällige, aber das Mensch- und Weltsein in die Vollendung des Himmels „hineinreißende" Haltung – deren Wesen wir in der zum Existenzakt gewordenen Selbstlosigkeit erkannt haben – ist in unserem Leben bedroht. Vielleicht nicht so sehr von den einzelnen Akten und Handlungen der Auflehnung, sondern vielmehr von einem seltsamen, fast unmerklichen Abgleiten in die Uneigentlichkeit, dem ich hier versuchsweise den Namen „Sünde des Lebens" geben möchte.

Das Dasein wird nach und nach undurchlässig und hart, ohne Gelöstheit und Empfänglichkeit. Bei jedem kleinen Schritt kann der Mensch sich sagen, daß es berechtigt, gut, ja vom Christlichen her gefordert ist, so zu handeln. Doch entsteht im Zuge des inneren Zerfalls ein Mensch, der mit sich selbst, mit seinen Erfolgen und Gewohnheiten zufrieden ist, der sich in der Pflege des Eigenen verausgabt, der nicht mehr träumen kann von einer größeren Erfüllung, der ständig darauf bedacht ist, ob er etwas verliert oder dazugewinnt, der sich selbst nicht mehr schenken kann. Dieser Zustand existentieller Verdunkelung kann so entstehen, daß der Mensch keine „registrierbare" schwere Sünde begeht. Die „Sünde des Lebens" ist nichts Dramatisches oder Titanisches. Sie ist nur: kleinlicher Egoismus im Alltag, verletzende Boshaftigkeiten, Voreiligkeit im Urteilen, Ungeduld, Grobheit in der Begegnung, Unfähigkeit, andere wirklich anzuhören, sie seinshaft „zu Worte kommen" zu lassen, Nachtragen, Mangel an Ehrfurcht vor dem Seelenleben des anderen Menschen, Launenhaftigkeit, Zeitvertun, innere Trägheit. Das alles und vieles andere mehr wäre zu bedenken, wenn wir von der „Sünde des Lebens" sprechen.

Die endgültige Rückführung auf das Wesen der Gesinnung: Fegfeuer

Wenn wir diese Andeutungen theologisch auszuwerten suchen, erfassen wir die existentielle Bedeutung der Begriffe „Fegfeuer" und „Gericht". Im Tode ereignet sich ein Zusammenbruch von all dem, was der Mensch als Uneigentlichkeit in sich angesammelt hat. Der Mensch wird dem gegenübergestellt, was er wirklich ist und was in seinem Sein ewigen Bestand hat. Sein Erfolg ist zerstört; seine Macht zerfließt; sein Reichtum verschwindet. Er hat keine äußeren Stützen im Sein. Mit seinem ganzen Dasein ist er jetzt dem überantwortet, was in diesem Augenblick aus seinem Sein noch übrigbleibt: seiner Sehnsucht, seinem Schrei nach Hilfe, seinem Ausgeliefertsein einer absoluten Barmherzigkeit. Da erkennt der Mensch, daß immer schon – im Wesentlichen – aus seinem Leben nur das übrigblieb, was er „aufgegeben" hat, seine Selbstlosigkeit: die Stunden des Ausharrens bei einem leidtragenden Freund, die Erlebnisse der Hingabe in der Liebe und Freundschaft, die Erfahrungen des Glücks des Nicht-mehr-sich-Gehörens, die Entschlossenheit, mit den Weinenden zu weinen, sich mit den Frohen zu freuen. Diese endgültige Rückführung des Menschen auf das Wesen seiner Gesinnung heißt schlicht Fegfeuer.

Die Offenbarung der verborgenen Christusdimension: Gericht

Da aber der Mensch nicht derart restlos „er selbst" sein kann, ohne zugleich in seiner eigenen Menschwerdung die Wirklichkeit des Menschgewordenen zu erfahren, steigert sich die Selbstbegegnung des Menschen im Tode (Fegfeuer) zu einer Begegnung mit Gott in Christus (Gericht). Indem der Mensch sich selbst in restloser Aufrichtigkeit erkennt, begegnet er Christus. In diesem Sinne wird das Gericht das Selbstverständlichste und zugleich das Überraschendste unserer Existenz sein: die Offenbarung der verborgenen Christusdimension unseres Daseins. Im Mattäusevangelium fragen die Gerechten (und auch die Ungerechten) Christus: „Herr, wann haben wir dir das getan...?" Wann haben wir dich hungrig gesehen, durstig, nackt, krank, fremd, im Gefängnis? Sie haben offenbar die größten Taten ihres Lebens vollbracht, ohne sich darüber wirklich Rechenschaft gegeben zu haben. Das Gericht wird jene Dimension unserer Taten vorweisen, die über die Vorläufigkeit ihres konkret-erlebbaren Nachvollzugs unmittelbar in Christus mündet: die letzte Tiefe unserer Erlebnisse, unserer Sehnsucht, unseres Verlangens nach Freundschaft und Güte. Alles andere zählt nicht, fällt ab, hemmt nicht mehr, hindert den Menschen nicht, in die restlose Freude einzugehen. „Fegfeuer" und „Gericht" bedeuten im Grunde:

Den Himmel kann nur der aushalten, der den Mut aufbringt, ganzheitlich zu lieben, das heißt, radikal selbstlos zu sein.

Die Versuchung des Menschseins und die Versuchungsgeschichte Christi

An welchen Stellen, in welchen Lebenssituationen verdichtet sich jene Entscheidung des christlichen Daseins, die Versuchung und Verheißung in einem bedeutet? Wo entsteht – einerseits – jene Seinsverdunkelung, die das Sein Christi nicht mehr aufnehmen kann, die Gott keine Heimat mehr bietet? Durch welche Überwindung – andererseits – gelangt der Christ zur Fülle des Zeugnisses und der Verheißung? Der existentialtheologisch bedeutendste Text des Neuen Testamentes für unsere Doppelfrage ist die Versuchungsgeschichte Christi. Der Gottmensch hat in der Wüste unsere menschliche Wirklichkeit aus einer äußeren Not gerettet. „Äußerste Not“: sie wird im Bild der Ödnis verdeutlicht. „In-die-Wüste-Gehen“ bedeutet: sich dem Unheimlichen aussetzen, das Gefährlichste erleben, das Böse in seinem eigenen Reich angreifen, im „Zuhause der Dämonen“. Wie ist dieses wesenhafte „Zuhause des Bösen“ gebaut? Wir finden im Bericht über die drei Versuchungen Christi in der Wüste drei Anhaltspunkte für einen Entwurf der Versuchung des Menschseins.

Erste Versuchung: Erfolg

Vom Drang des Geistes getrieben, verläßt Christus die menschliche Geborgenheit. Er flieht das Gedränge der Menschen. Er ist beim Äußersten angelangt. Vierzig Tage und vierzig Nächte fastet er: Christus geht bis zum Rande des Menschlich-Aushaltbaren. Da erwacht in ihm ein elementarer Hunger. Vielleicht nicht so sehr nach Speise, sondern noch mehr nach menschlicher Nähe. Es befällt ihn eine sublime Versuchung. Wie wäre es, wenn er Steine in Brot verwandeln würde? Die Anfechtung will: Christus soll jene Kraft, die ihn zu einem innerlichen, im Wesentlichen des Menschseins begründeten Wesen machte, veräußerlichen. Die Gefahr ist groß. Nicht nur die christliche Existenz, sondern auch das Restlos-Ehrliche des Menschseins stehen hier auf dem Spiel. Mit der gesammelten Kraft seiner gottmenschlichen Existenz ging Christus in das Wagnis hinein: ein innerlicher Mensch zu sein; von innen her zu leben, ohne Doppelrolle, ohne den anderen etwas „vorzuspielen"; im Kreise der Bedrückten und Getretenen zu stehen; das Elend und die Kraftlosigkeit des Menschseins auszuhalten. Hier ereignete sich eine Entscheidung von unvorstellbarer Tragweite: Die Scheinwelt des Erfolges wurde von Christus für nichtig erklärt und die stille Bescheidung der Liebe und der Freundschaft als der letzte Maßstab christlicher Existenz aufgestellt. Hier hat ein Mensch endlich gewagt, sich nicht mit dem gleichzusetzen, was er den anderen „vorzuspielen" hat. Ganz „Gesinnung sein", in der inneren Wahrheit des Lebens und des Erlebens existieren, mit all dem, was eine solche Haltung in unserer Welt bedeutet an Mitfühlen, Einsamkeit, Zweifel, Beängstigung für den Freund bis hinein in die letzte Verzweiflung, das war die Entscheidung Christi: Umwandlung der Herzen in schlichte Güte und nicht Steine in Brot. Damit sagte er uns: Du bist mehr als all das, was du in deinem Leben erreicht, verwirklicht, erstrebt, erkannt und erliebt hast; du bist mehr als dein Erfolg. Wer das nicht mehr für sich aussprechen kann in der Ehrlichkeit seines Herzens, ist der Versuchung erlegen, obwohl er vielleicht im Kampf gegen „registrierbare Sünden" sehr erfolgreich gewesen ist.

Zweite Versuchung: Machtgier

Der Bericht über die zweite Versuchung Christi führt uns noch tiefer in die Bedrohung und die Verheißung der christlichen Existenz ein. Eine schwindelerregende Lockung ergreift die Seele Christi. Im Geiste steht er auf der Zinne des Tempels, sieht die stürzende Tiefe, den Abgrund, das Gewimmel der Menschen. „Wirf dich hinab, es kann dir nichts geschehen"! Der Messias soll also „ungewöhnlich" sein. Er soll von oben herabsteigen in unerwarteter, überraschender Eindrücklichkeit. Der Versucher wollte erreichen, daß das größte Ereignis des Menschseins, die Menschwerdung Gottes, dem Volke – das da unten wimmelt und von einem Herrscher träumt – durch einen Gewaltstreich geoffenbart und so innerlich verdorben und äußerlich mißverstanden wird: Erlösung als Selbstverherrlichung. Wiederum steht das Wesen des Menschlichen überhaupt auf dem Spiel. Christus wollte aber nicht das Ungewöhnliche. Er wollte nicht auf Händen von Engeln getragen werden; wollte nicht, daß sein Fuß nicht an einen Stein stoße. Er hat jene Vergeblichkeit, die jede tiefmenschliche Beziehung – Liebe, Freundschaft und Mitsein – einmal erleben muß, auf sich genommen, hat den Weg zum Kreuz betreten bis in die Gottverlassenheit hinein. Er wollte machtlos sein. Die Machtlosigkeit der Demut war aber bei ihm eine positive Kraft. Sie war keine Verkrampfung der Existenz oder Leugnung des Seins, sondern Bejahung des Lebens. Er wollte sich allen ungeteilt schenken. Selbst jenen, die – wie der Zöllner – ferne von Gott stehen und nicht einmal ihre Augen zum Himmel zu erheben wagen. Demut ist reifgewordene Liebe. Sie ist das „Mehr", das „Plus et ego" der Lebensbejahung. Jeder Liebende wird in seinem Leben eine Grenze erreichen, an der ihn die Forderung des „Sich-demütigen-Lassens" trifft. Dann geht es um das Ganze seiner liebenden Existenz. Wie machtlos und hilflos kann ein Mensch sein, der derart liebt! Er verzichtet auf die eigene Macht, setzt sich einem fremden Schicksal aus, will es beschützen und verteidigen, will für den anderen einstehen, die Schwäche des anderen ertragen und mittragen, das Glück und Unglück mit ihm teilen. Sichverfügbarhalten für das fremde Sein, Offenheit des Empfangens für die fremde Not, Vorbehaltlosigkeit der Bejahung des fremden Lebens: in diesen Eigenschaften erkennen wir die innere Kraft, aber auch die Machtlosigkeit der Liebe. Unsere innere Auflehnung gegen die Schwere, menschliche Unerfüllbarkeit und Demut der Liebe war das Wesen der zweiten Versuchung Christi.

Dritte Versuchung: Reichtum

Die dritte Versuchung Christi stellt den endgültigen, unwiderruflichen Sieg des Erlösers über die Macht des Bösen dar. Zugleich führt sie in das Abgründigste der Bedrohung des Menschseins hinein. Christus wird auf einen hohen Berg „entrückt", sieht alle Reiche der Welt und ihre Herrlichkeit. Er fühlt sich in einem weiten Raum, in einer anderen Art von Raum. Ein Empfinden existentieller Gelöstheit steigt empor. Sein Geist empfindet die Macht des Umfassens und Herrschens. Dennoch begibt er sich von dieser Höhe des Empfindens in die Kümmerlichkeit unseres Daseins, in den Kreis der kleinen Leute, in das Staubige unseres Lebens. In der Welt der Armen wollte er leben und in der menschlichen Kleinheit leuchtend bekunden, was die Liebe vermag, wenn sie es wagt, ganz Liebe zu sein. Er wollte Zeuge bedingungslosen Wagens, Duldens und Vollbringens sein. Dies war die Existenzweise Christi: für die anderen restlos da zu sein; ausgeliefert zu sein der Unmittelbarkeit des Augenblicks und den darin sich offenbarenden Nöten der Menschen. Das Geltenlassen der fremden Existenz und die schöpferische Gegenwart beherrschten sein Leben. Die Haltung der „Armut im Geiste“ ist die Lebensweise der innerlich Freigewordenen, die zwar die Güter der Welt besitzen, von ihnen aber nicht „besessen“ werden. Christus war ein glücklicher Mensch in seiner inneren Armut. Etwas Absichtsloses, etwas Scheu-Verhülltes und Keusches, etwas, das sich niemandem, keinem Menschen und keinem Ding „aufdrängte“, trug er in sich. Seine Armut war das „Aug-in-Aug“ mit Gott.

Versuchung und Vollendung

So entstand in der bei der Versuchung Christi in der Wüste errungenen Haltung – in der Wendung zur Innerlichkeit, in der Machtlosigkeit und in der geistigen Armut – leuchtendes Sein. Christus trat dem Chaos entgegen. Ausgerüstet war er nur mit der Bereitschaft, sich restlos zu opfern. Wie eine Fackel brannte seine Existenz in der Wüste. Die Welt wurde hell, öffnete sich dem Licht. Das Gerüst des Unbedeutenden war zusammengestürzt, und die Wahrheit des Wesens der Dinge, der Himmel, tat sich auf. Ein Christ, der diese Gesinnung ohne Hast und ohne selbstsüchtige Unerbittlichkeit, in stiller Einfachheit und in gottvertrauender Ruhe in seinem Alltag zu verwirklichen sucht, wird glücklich sein im Dienst Gottes, selbst wenn seine Existenz gebrochen ist. Das Schicksal der Welt, die Aufgebrochenheit des Lebens zu Gott hin, hat sich in ihm verwirklicht. Der Himmel kam durch seine Existenz der Erde näher. Selbstlosigkeit ist jener „Stoff“ unserer Welt, aus dem einmal die Endgültigkeit des Seins, das vollendete All entstehen wird.

Scheitern im Schicksal Jesu

„Scheitern im Schicksal Jesu": der Formulierung und dem Inhalt nach eine recht schwierige Aufgabe, diese Frage erschöpfend zu behandeln. Zunächst scheinen die zwei Begriffe in der Formulierung als recht ungewöhnlich: Scheitern und Schicksal. Ist Jesus wirklich gescheitert? Hat er überhaupt ein Schicksal gehabt? Diese Fragen möchte ich in aller Ehrlichkeit erörtern.

Durch die Menschwerdung ist Gott in einen Raum eingetreten, der für den darin Lebenden eine einzige Kette von Schicksalsmomenten bildet, in die Geschichte. Dieses sein Schicksal verlief als eine Aufeinanderfolge von Mißerfolgen, die am Ende in ein auswegloses Scheitern mündeten. Als Gott Mensch wurde, ist er es wirklich und nicht nur scheinbar geworden. Er war ohne Schutz und Ausnahme, verwundbar durch Wort und Tat, gleich uns hineingewoben in das erstickende Geflecht der Wirkungen, die von den verwirrten Menschenherzen ausgingen. Bedenken wir demnach die Menschwerdung ehrlich, so müssen wir auch behaupten: Jesus hat ein Schicksal gehabt, und dieses sein Schicksal war ein Scheitern.

Freilich dürfen und müssen wir all das auf dem Hintergrund unseres Auferstehungsglaubens denken: Jesus hat sein Scheitern in der Auferstehung in Herrlichkeit und in Freude umgewandelt. Täten wir es nicht, so würden die hier vorgelegten Gedanken in vielen nur Resignation hervorrufen, also genau das Gegenteil von dem sein, was unser Glaube darstellt: „Frohe Botschaft". So tröstlich und erhebend der Gedanke an den letzten Sieg Jesu sein mag, wir dürfen dennoch aus den Ereignissen des Lebens Jesu nicht von vornherein einen „Verschnitt" machen, in dem die Traurigkeit bereits von einer allüberwindenden Freude gemildert wäre. In der letzten Analyse ist es zwar so. Doch haben wir nicht nur das Recht, sondern auch die Pflicht, Jesu Schicksal so zu betrachten, wie er selbst es erlebt hatte, also das Schreckliche und Unerbittliche in Jesu Leben uns ganz nahe kommen zu lassen. Dies möchte ich hier versuchen.

Ein erster Blick auf Jesu Leben

Im Leben Jesu finden wir nirgends den Anspruch des Ungewöhnlichen. Er war ein Freund der Hungrigen, die satt werden wollten, der Kranken, die nach Gesundheit verlangten, der Getretenen, die nach Gerechtigkeit schrien. Kurzum aller, die an der Verkehrtheit unserer Welt litten und die zugleich den Mut hatten, die eigene Verkehrtheit zu sehen. Er hat die Armut, das Geschlagensein, die Kerker und das Leid nicht geliebt. Er haßte all das mehr, als je ein Mensch es gehaßt hat. Es jagte ihm Tränen in die Augen, wenn er andere davon befallen sah. Es schauderte ihn, wenn er daran dachte, daß er sich all dem unterwerfen mußte. Trotzdem hat er sich da hinein begeben. Mit Grauen und Entsetzen zwar, als er es herankommen sah. Es war so widerwärtig, als freier Mann gebunden zu sein, sich anspucken zu lassen, weil man die Wahrheit sagte, sich schlagen zu lassen, weil ein Feigling um seinen Beamtenstuhl bangte, endlich zu sterben wie ein Verbrecher, im Grunde nur darum, weil ein paar erbärmliche Priester sich entlarvt fühlten. Es war kein großes Drama. Es war eine kleine, recht erbärmliche Geschichte, in die er da hineingezogen wurde und in der er untergehen sollte. In seinem Leid war Jesus nicht „großartig". Er hat sich restlos verloren gegeben. Vor dieser Tat Jesu verstummt jegliches Fragen.

Jesus wird bereits in der frühapostolischen Verkündigung als Mitte und Ziel der Gesamtoffenbarung betrachtet (vgl. Joh 5,39; 1,45; 2,22; 5,46; 12,16; 20,9 u.a.). Besondere Bedeutung erhielt dabei die Prophezeiung bei Jesaja über den „Gottesknecht" (Ebed Jahwe), besonders das vierte Lied (Jes 52,13–53,12). Deshalb möchte ich meine Ausführungen mit diesem Lied beginnen, um das Bild Jesu behutsam auseinanderzufalten.

„Siehe, mein Knecht wird Erfolg haben, wird erhöht und erhaben sein gar sehr. Wie sich viele über ihn entsetzten, weil unmenschlich entstellt war sein Aussehen, unähnlich den Menschen seine Gestalt, so wird er viele Völker ins Staunen setzen. Könige werden vor ihm ihren Mund schließen. Denn, was ihnen nie erzählt ward, sehen sie, und was sie noch nie gehört, vernehmen sie. Wer hat unserer Kunde geglaubt? Wem ward der Arm Jahwes enthüllt? Er wuchs vor ihm auf wie ein Schößling und wie eine Wurzel aus dürrem Erdreich. Keine Gestalt hatte er noch Schönheit, daß wir ihn hätten ansehen mögen. Kein Ansehen, daß wir an ihm Gefallen gefunden hätten. Verachtet war er und von den Menschen gemieden, ein Mann der Schmerzen und vertraut mit Krankheit. Wie einer, vor dem man das Antlitz verhüllt, war er verachtet, so daß wir ihn nicht schätzten. Er aber hat unsere Krankheiten getragen und unsere Schmerzen auf sich geladen. Doch wir hielten ihn für einen Gezeichneten, den Gott geschlagen und geplagt. Er aber ward durchbohrt ob unserer Missetaten, zerschlagen wegen unserer Verschuldungen. Zu unserem Heile lag die Züchtigung auf ihm, und durch seine Striemen ward uns Heilung. Wir alle gingen wie Schafe in die Irre, ein jeder wandte sich seines Weges. Aber Jahwe ließ ihn treffen die Schuld von uns allen. Gepeinigt wurde er, doch fügte er sich willig und tat seinen Mund nicht auf wie ein Lamm, das man zur Schlachtbank führt, und wie ein Schaf, das vor seinen Scherern verstummt. Aus Haft und Gericht ward er hinweggerafft. Wer kümmert sich um sein Geschick? Denn er war abgeschieden aus dem Lande der Lebendigen, ob der Missetat meines Volkes zu Tode getroffen. Man gab ihm bei Frevlern sein Grab und bei den Übeltätern seinen Hügel, obgleich er kein Unrecht getan und kein Trug in seinem Munde war. Aber Jahwe fand Gefallen an seinem Zerschlagenen, heilte den, der sein Leben zum Schuldopfer dahingab. Er wird Nachkommen sehen, lange leben, und das Vorhaben Jahwes wird durch ihn gelingen. Nach seiner Seele wird er Licht schauen, sich sättigen. Durch seine Erkenntnis wird der Gerechte, mein Knecht, die vielen rechtfertigen und ihre Schulden auf sich laden. Darum will ich die vielen ihm als Anteil geben, und die Zahlreichen wird er als Beute erhalten, daß er sein Leben in den Tod dahingab und unter die Frevler gerechnet ward, während er doch die Sünden der vielen trug und an der Missetäter Stelle trat."

Ich möchte hier auf die zahlreichen Schwierigkeiten dieses Textes und seiner Anwendung auf Jesus nicht näher eingehen. Sie sind leicht nachzulesen, vor allem im ausgezeichneten Beitrag von Prof. Franz Mußner „Ebed Jahwe" im Lexikon für Theologie und Kirche. Behalten wir hier nur, daß sowohl Jesus selbst als auch die apostolische Verkündigung den messianischen Dienst Jesu in der jesajanischen Gottesknechtverkündigung sahen, wie eine ganze Reihe von Stellen mit direkten und indirekten Bezugnahmen beweist. Statt bei der Erörterung dieser Frage zu verweilen, müßten wir die darin innewohnende Wahrheit unserem Denken und Gemüt nahekommen lassen.

Wir lieben in Jesus seine Einsamkeit, seine stille Traurigkeit, seine Erfolglosigkeit, mit einem Wort ausgedrückt: seine Kleinheit. Man muß geradezu Erbarmen mit ihm haben. Von allen Knechten Gottes war er doch der beladenste, mit Mühsal über und über bedeckt. Wir möchten ihn beinahe in Schutz nehmen vor Gott. Wie nur konnte Gott ihn so behandeln? Von allen seinen Knechten war er doch einzig und allein so, wie die Knechte Gottes eigentlich sein müßten. Und er ist Gottes Knecht geblieben, so wie Gott ihn berufen und gebraucht hat. In keinem Belang hat er sich als etwas aufgespielt, was er nicht war. Gottes Sohn ist wie ein Nichts geworden, obwohl er doch alles in Gottes Herrlichkeit war. Er ist uns sichtbar geworden, dennoch immer noch so unbegreiflich wie Gott selbst. Er war Gottes Sohn und doch sein Knecht, geschlagen und verlassen von Gott selbst. Er war unendlich reich und zugleich unendlich arm, so daß der Mensch von ihm zugleich enttäuscht und hingerissen wird. Er hat die Menschen selig gemacht, weil er sich und Gott ihnen schenkte. Und gerade das ist unsere letzte Unseligkeit auf Erden.

Jesus hat dem jesajanischen Gottesknechtgedanken noch eine letzte Dimension hinzugefügt, indem er sich „Menschensohn" nannte. Der Gottesknecht als anonymer „Menschensohn" mußte durch ein gewöhnliches irdisches Leben gehen. Damit hängt wohl auch das sogenannte „Messiasgeheimnis" der Synoptiker zusammen: Weil eben Jesus der unbekannte und unerkannte Gottesknecht war, mußte sein messianisches Geheimnis in der Öffentlichkeit zunächst unausgesprochen und verborgen bleiben.

Jesus – der „Menschensohn“

Der Ausdruck „Menschensohn“ ist wohl eine der schwierigsten Fragen der Jesusforschung. Es gibt zahlreiche, teils einander widersprechende Erklärungsversuche. Als gesichert darf indes gelten, daß Jesus unmißverständlich wissen ließ, daß er und kein anderer als er selbst „der Mensch“ ist und daß er machtvoll zum Gericht erscheinen wird. Selbst diese Deutung genügt uns aber, um ein Bild des *„verborgenen Jesus“* zu entwerfen.

Vielleicht das Erschütterndste an Jesus ist für uns: er war ein Verborgener. Er strebte danach, namenlos zu sein. In seinem Leben brach die „Einsamkeit der Fülle“ auf. Wer wie Jesus in der Einheit des Lebens existieren will, muß lange allein bleiben, um sich auf das Wesen des Daseins hin sammeln zu können. Einsam in der Reifung, einsam bei der Versuchung in der Wüste, einsam bei den größten Taten seines Lebens. Jesu Dasein kam aus einer Unbekanntheit, wie ein Stern, der plötzlich unser Firmament durchquert und den nur jene bemerken, die gerade zufällig hingeschaut haben.

Um ihn herum sehen wir Menschen, die ihn nicht verstehen. Man führt gegen ihn Verbotslisten, Gesetze, Bräuche und Überlieferungen auf. Selbst seine Mutter fragte ihn: „Kind, warum hast du uns das angetan?“ (Lk 2,48.) Alle warfen ihm – vielleicht nur stillschweigend – auf irgendeine Weise vor: „Warum bist du so anders?“ „Zöllner und Sünder“ fanden bei ihm willige Aufnahme. Er sagte innerlich zu allen: „Ich verurteile dich nicht.“ Er verteidigte die Sünder vor den sogenannten Gerechten, nahm die Kinder vor den Erwachsenen in Schutz. Er nahm die Not der Menschen immer wahr: die Not einer armen Witwe, der er ihren einzigen Sohn zurückschenkte, die Not einer armen, kranken Frau, die nur den Saum seines Kleides zu berühren wagte, die Not des Freundes, der ihn verleugnete und dem er mit einem einzigen Blick Reue und Verzeihung schenkte.

Jesus verwirklichte die Gesamtexistenz des Menschen, also auch das Normale und Gewöhnliche, das Ermüdende, das sich stets Wiederholende und Unauffällige. Er nahm die Kraftlosigkeit, die Unwissenheit, ja die Versuchung auf sich. Er ging in die Beengung alles Menschlichen hinein – außer der Sünde. Er war ein Freund der Bedrückten. Er lieferte sich der Not des Menschseins aus. Jesus richtete seine innere Wahrheit in einer

Welt der Unwahrhaftigkeit auf, in einer Welt der resignierten Gleichgültigkeit, der Macht und der Intrige. Es ist unmöglich, daß Jesus in einer solchen Welt irgendeine Chance gehabt hätte außer der Kreuzigung. Jeder Wahrheitssucher wird einmal gefragt, und zwar nicht in der Tonart der suchenden Unruhe, sondern in der der Resignation: „Was ist Wahrheit?“

Jesus ging mit der Entschlossenheit seines Daseins auch in jenes hinein, was in seiner alltäglichen Wirklichkeit das schwerste Leid unseres Lebens ausmacht: Unsere Einmaligkeit ist einer Öffentlichkeit preisgegeben. Diese Preisgegebenheit ist unseres Lebens schwerste Not und die letzte Einsamkeit unseres Daseins. Jesus wurde der politischen Macht überantwortet. Pilatus begegnete ihm zunächst mit Toleranz. Aber Jesu Schicksal gab ihm Gelegenheit, seine politischen Spiele weiterzuführen. So schickte er Jesus zu Herodes. Vor diesem Menschen erscheint Jesus noch ohnmächtiger. Allem Anschein nach war Herodes ein pathetischer Mensch, einer, der Interesse am Aufregenden und Ungewöhnlichen fand. Er dachte sich vielleicht, nun würde dieser Prophet ihm Gauklerstücke vorführen und ihm über seine Langeweile hinweghelfen. Aber vor Herodes stand Jesus schweigend da. Er hat nichts getan und nichts gesprochen.

Diese wenigen Andeutungen dürften ausreichen, um das Scheitern im Schicksal Jesu als „Menschensohn“ wenigstens andeutungsweise nahezubringen. Um das bisher Gesagte zu verdeutlichen, muß ich mich nun jenem Begriff zuwenden, der den Inhalt des Wirkens Jesu ausmachte: das „Reich Gottes“.

Jesus und das „Reich Gottes“

Jesu ganzes Denken, sein Tun und sein Schicksal kreisten um das „Reich Gottes“. Zwei Aussprüche aus der Offenbarung geben uns Weisung: „Die Zeit hat sich erfüllt, und das Reich Gottes ist herabgekommen“ (Mk 1,14). Und: „Das Reich Gottes kommt nicht mit äußerem Gepränge. Man kann nicht sagen: Siehe, es ist hier oder dort. Das Reich Gottes ist inwendig in euch“ (Lk 17,20–21). Demnach wäre das Reich Gottes nicht eine bereits fertige Ordnung, sondern etwas Lebendiges und Inwendiges, das herankommt. Es war lange fern, hat sich dann genähert und ist nun so nahe, daß es verlangt, angenommen zu werden.

Reich Gottes bedeutet einfach, daß Gott in uns herrscht. Hier müssen wir uns aber ganz ehrlich die Frage stellen: Ist dieses Reich gekommen? Herrscht Gott wirklich in uns? Hat Jesus seine Lebenstat wirklich vollendet, sein Ziel erreicht, oder muß man sagen, daß er an all dem gescheitert ist?

Nun möchte ich diese Frage auch ganz ehrlich beantworten, indem ich eine Gegenfrage stelle: Was herrscht wirklich in uns? Es sind zunächst die Dinge, die Menschen und die Ereignisse, und wahrlich nicht Gott. Es sind unsere Gefühle, Vorurteile, unser ganzes und angeborenes Schicksal. Gott nur insofern, als diese erfüllende Wirklichkeit der Welt ihm noch Raum läßt. Jesus verkündete aber, daß das Reich Gottes gekommen sei! Die Menschen sollten ihren Sinn umkehren von den Dingen zu Gott. Darin wäre neues Dasein geworden, neue Welt und neue Geschichte. Aber: Das Volk hat seinen Sinn nicht geändert. So ist das Reich in der ersten Weise, wie es angeboten war, nicht gekommen. Es schwebt gleichsam und steht auch heute noch immerfort im Kommen. Es langt an, in einzelnen Menschen oder in kleinen Gemeinschaften oder wiederum darüber hinaus, aber nur für kurze Zeit, und dann weicht es wieder zurück.

Fragen wir in diesem Zusammenhang nochmals: Ist die Kirche das Reich Gottes? Ich muß hier ganz eindeutig antworten: Keineswegs! Sie ist eine Notlösung, höchstens eine Brücke, die zum Reiche führt. Jesus hat das Kommen seines Reiches aufgeschoben bis zum Ende der Zeit. Er ging hinein in sein Leiden, hat für sich den Tod gewählt und wurde so für uns zum Punkt Omega, auf den hin wir uns sammeln sollen. Und von da an liegt auch jene Gemeinschaft, die wir Kirche nennen und die uns als eine Brücke dienen soll zum kommenden Gottesreich, stets in Gefahr, die heilige Ordnung als „Gesetz“ mißzuverstehen und zur Unfreiheit zu mißbrauchen. Die Kirche wurde in der gegenwärtigen uns bekannten Form nicht von vornherein in Gottes „Heilsplan“ einkalkuliert. Wir sollten demnach dafür sorgen, daß die Kirche tatsächlich immer mehr zur Brücke wird zum kommenden Gottesreich.

Wenn wir das Geheimnis der Ohnmacht Jesu ergründen wollen, müssen wir ein Dreifaches bedenken: drei zunächst abstrakt anmutende Gedankengänge der Theologie, die aber das Furchtbare des Leidens Jesu erst in seiner ganzen Tiefe erschließen, unserem Denken und unserer Empfindung nahekommen lassen.

Als erstes wäre jene Wirklichkeit zu bedenken, welche die Theologie versteht, wenn sie uns sagt, daß in der Existenz Jesu jener ursprüngliche Zustand hergestellt wurde, in dem der Mensch ohne Begehrlichkeit (Konkupiszenz) lebte. Die sogenannte „*Freiheit von der Konkupiszenz*“ bedeutet im Grunde, daß der Mensch sich als eine ganzheitliche Seinseinheit verwirklicht, daß er also nicht gespalten ist zwischen dem, was er ist, und dem, was er tut, daß er alles, was er erlebt, unmittelbar zu seinem eigenen Sein macht. Im Urzustand der Menschheit, im Zustand der sogenannten Leidlosigkeit, war das ein Segen. Bei Jesus war es aber etwas unausdenklich Furchtbares. Wir, die wir unser Dasein immer nur bruchstückhaft leben können, sind zu einem absoluten Leid gar nicht fähig. Wir sind nie ganz Glück oder Leid. Wir tragen diese gleichsam nur mit uns herum. Jesus konnte aber das Leid aus seinem Bewußtsein gar nicht hinausdrängen. Was er tat und was er empfand, das war restlos er selbst. Auf dem Ölberg *hatte* Jesus nicht nur Leid, er *war* das Leiden selbst. Das nicht mehr zu bewältigende Leid war vollends in sein Dasein integriert. Er war gleichsam eingebannt und von überallher eingenommen durch die tödliche Trauer. Nur der menschgewordene Sohn Gottes, der innerlich derart mit sich selbst eins war, konnte das Andrängen des Todes ganz bei sich erkennen. Jesus wurde nicht vom Leid zermalmt, er war der Zermalmte selbst. Er hat nicht nur Pein empfunden, sondern war in seinem ganzen Wesen Pein, Träne und Grauen. Vielleicht verstehen wir jetzt besser die innere Bedeutung des geheimnishaften Vorganges, daß sein Angstschweiß zu fallendem Blutgerinnsel wurde.

Als zweites sollten wir auch bedenken: Jesus hatte als Mensch von der Personeinheit mit dem Logos die *unmittelbare Anschauung* (visio immediata) des Vaters. Dies heißt aber keineswegs ein besonderes Wissen neben seinen anderen Wissensarten. Alles, was Jesus erfuhr, erlebte er unmittelbar von Gott her. Mit allen Fasern seiner irdischen Wirklichkeit lebte er in der Gegenwart Gottes. Die Dinge, die Menschen und die Ereignisse waren für ihn unmittelbar durchsichtig auf den Vater hin. Alle seine Erfahrungen waren eingetaucht in das innig erlebte, aber vielleicht für ihn (als Mensch) kaum aussprechbare Geheimnis der Gottheit. Gott war für ihn der „Raum des Lebens“. Was geschieht nun, wenn ein solches Dasein Leid erfährt? Aus den zwei völlig entgegengesetzten Erfahrungen ergab sich in Jesu Leben eine ungeheure Spannung, eine Verwirrung der Sinne und der Gefühle. Es entstand eine nicht mehr auslotbare Sinnlosigkeit. Unmittelbar Gott, der restlosen Seligkeit, preisgegeben zu sein und dabei ebenso unmittelbar die restlose Gottferne zu erfahren, dafür gibt es nur ein einziges, übrigens sehr schwaches Gleichnis: die Hölle. So ist Jesus in einem für uns unausdenklichen Sinn hinabgestiegen in die Hölle, in die restlose Zerstörung. Es war die Gottesnähe des Grauens.

Als drittes sollten wir noch bedenken: Wenn wir sagen, Jesus sei unser *Erlöser,* so bedenken wir oft nicht genügend ernsthaft, was das für ihn bedeutete. Er hat sich restlos auf die Seite der Sünder gestellt, sich mit ihnen solidarisch erklärt. Ohne je eine Sünde begangen zu haben, hat er sich dem ausgesetzt, was die Erlösung der Sünde ausmacht. Daraus erwuchs für ihn eine „Unmittelbarkeit zu jeglicher Sünde". Jede Gemeinheit, jede Widernatur, jeder Widersinn, alles, was in der Menschheit an dem vorhanden ist, das uns zur Empörung reizt, war Jesus unmittelbar gegenwärtig. Sein ganzes Dasein war in den Schmutz der gesamten Menschheit hineingezerrt. Noch nie hat ein Mensch so gelitten wie Jesus von Nazaret.

Als Abschluß möchte ich nun jenes Wort behandeln, das Jesus vom Kreuz herab zu uns gesprochen hat. Es ist das im Schweigen, im Todeskampf, im Gebet und in der schwersten Stunde des Lebens errungene Wort der Nähe zu uns Menschen.

Jesu Wort vom Kreuz

Es ist vielleicht bedeutend für uns, zu bemerken, wie das Evangelium von Markus aufhört. Es endet mit den Worten: „Sie (die Frauen) sagten niemand etwas, denn sie fürchteten sich" (Mk 16,8). Der hinzugefügte Schluß stammt nicht von Markus, ist aber wohl aus dem Urbestand der apostolischen Verkündigung. Es ist seltsam, daß der Bericht über Jesu Leben, Lehre und Schicksal mit Flucht, Staunen und Furcht endet. Und das einzige Wort, worüber Markus berichtet, heißt: „Mein Gott, mein Gott, warum hast du mich verlassen?" (Mk 15,34.) Diese Worte sind der Anfang des Psalmes 21. Jesus betete da mit dem Psalmisten die messianische Opferliturgie. Die anderen Worte, die bei den anderen Evangelisten noch aufgezählt werden, möchte ich hier nicht näher erörtern, da für mich in diesem einzigen Wort alle anderen bereits mitenthalten sind.

In diesem Schrei der Verlassenheit schenkt Jesus allen Menschen seine Nähe. Er fühlt sich von dem verlassen, mit dem er sich als wesenhaft eins erklärte, damit er mit uns eins sein kann. Er ging hinein in die letzte Traurigkeit des Menschseins. Jesus nahm Partei: die Partei der Einsamen, derer, die scheinbar gar keine Hoffnung mehr haben. Nach diesem Wort Jesu sind die sogenannten „Gottlosen" nicht unsere Feinde, sondern eher unsere Freunde. Jene, die das erleben, was Jesus am Kreuz durchlitten hat. Jesus kann nun allen Menschen sagen: Ich habe all das mitgemacht und gerade darin erfahren, daß Gott uns „noch näher" ist. Er ist gelegentlich dermaßen nahe, daß wir ihn nicht mehr sehen können. Hier hat Jesus die Kümmerlichkeit menschlicher Existenz besiegt. Er hat alles, was wir Menschen sind, in den Stunden der Verlassenheit zusammengefaßt. Aus dieser Existenz ist er dann hinausgebrochen. Nun wartet er „drüben" auf uns. Das heißt, er wartet darauf, daß wir seinen Geist in unserer Welt verwirklichen. Es ist scheinbar wenig geschehen an diesem Kreuz und um dieses Kreuz herum. Ein Verbrecher ist zwischen zwei anderen Verbrechern gestorben. Einige Frauen haben geweint. Ein zu Tode gequälter Mensch hat einige stammelnde Worte gesprochen. Jesus hat in seiner Todesnot noch einmal und diesmal endgültig ja gesagt zu allem, was wir Menschen sind, also auch zu unserem äußersten Nein. Somit wurde er für uns das Ja unseres Lebens.

Jesus ist nichts erspart geblieben. Aber er hat sich nichts vorgemacht. Er hat auch auf jegliche Pose verzichtet. Es war nun finster, außen und innen. Er war allein mit der Bosheit der ganzen Welt. Das Licht des Vaters verwandelte sich in ein finsteres Feuer. Nur noch Verlassenheit und Ohnmacht waren da, brennend und unsagbar tot zumal. Der Tod schlechthin war in Jesu Herz gestiegen und stach in die innerste Mitte seines menschlichen Daseins.

Nun heißt es im Philipperbrief vom Sohne Gottes: „(Tut) nichts aus Selbstsucht oder eitler Ruhmsucht, sondern in Demut halte jeder den anderen für höher als sich selbst! Nicht achte jeder (nur) auf das Seine, sondern jeder auch auf das, was des anderen ist. So seid untereinander gesinnt, wie es auch Christus Jesus war, der in Gottesgestalt stand, sein Gottgleichsein aber nicht als einen Raub ansah, sondern sich selbst entäußerte, indem er die Gestalt des Knechtes annahm und Menschen gleich wurde. Und indem er in seinem Äußeren wie ein Mensch empfunden wurde, erniedrigte er sich selbst, gehorsam geworden bis zum Tode, ja bis zum Tod am Kreuz". – Und jetzt bricht der Jubel des inneren Befreitseins aus der Seele des Apostels Paulus hervor, den auch wir selbst nun nachvollziehen sollten: „Deshalb hat ihn auch Gott über alles erhoben und ihm den Namen verliehen, der über allen Namen ist, auf daß im Namen Jesu sich jedes Knie beuge, der Himmlischen, der Irdischen und der Unterirdischen, und jede Zunge bezeuge: ‚Jesus Christus ist der Herr, zur Ehre Gottes des Vaters'" (Phil 2,3–11).

Ungeheures wird da gesagt! daß Gottes Sohn sein ewiges Selbstsein nicht wie etwas zu Unrecht Angeeignetes angstvoll-gewaltsam festgehalten, sondern sich „entäußert" – sagen wir schärfer: „vernichtigt", das Selbstsein hergegeben – hat, dadurch, daß er, der Herr einfachhin, sich zum „Knecht", zum vielgebundenen Menschen machte, und zwar in bitterem Ernst, bis in den Tod, den der Rechtsbrecher erleiden mußte, den Tod am Kreuz. Daraus ist ihm aber ein Name, der Name „Christus", des Siegreich-Gesalbten, und des „Kyrios", des Gott-Herrn, erwachsen, der über allem Geschaffenen thront. Und schließlich: dieses Geschehen ist Gott dem Vater ewig Ehre. Dies ist die letzte Perspektive über das Scheitern im Schicksal Jesu.

Gebet des Gekreuzigten

Das menschliche Leid ist, außer der Liebe und der Freundschaft, das Persönlichste und Unwiederholbarste unseres Lebens. Das Leid ist der Weg des Todes. Der Tod aber ist das Einmaligste des Einmaligen. Somit gibt es keine christliche Antwort auf das Leid, die man in gleicher Weise zwei verschiedenen Menschen geben könnte. Nur ein einziger Mensch hat „das" Leid und „den" Tod erfahren, das heißt alle Möglichkeiten des Leides und des Todes ausgeschöpft, und dieser Mensch war zugleich Gott: Jesus Christus. Somit gibt es im christlichen Sinn im Grunde keine andere Möglichkeit über das eigene Leid und über den eigenen Tod zu sprechen, als Christi Leidensweg nachzuzeichnen. Im leidenden Christus wird der Mensch sich selbst erkennen. Auch hier möchte ich mir große Zurückhaltung auferlegen. Mit knappen Andeutungen, in wenigen sinnerhellenden Worten möchte ich den Leidensweg Christi beschreiben und es dem einzelnen Leser überlassen, sein eigenes Leid darin zu finden. Das Leiden des Gottmenschen trägt das ganze Leid der Menschheit, die leibseelische Not eines jeden einzelnen in sich.

Der Verrat

Der eigentliche Leidensweg Christi, das „Triduum des Todes", beginnt damit, daß ein Freund ihn verrät. Welches die Motive des Apostels Judas von Karioth waren, geht uns nichts an. Diese Frage hat die Menschen seit zweitausend Jahren beschäftigt. Im Grunde ist sie aber unwichtig. Man kann Gott aus so verschiedenen Beweggründen verraten, wie es einzelne Menschen gibt. Das erfahren wir ja täglich in unserem eigenen Leben. Bedeutend ist aber, daß Judas sicherlich aus lauteren Absichten zu Jesus kam und daß Jesus ihn in Freundschaft aufnahm. Er hatte auch seine schweren Charakterfehler: Er war – wie das Johannesevangelium ausdrücklich betont – ein „Heuchler", ein „Dieb", ein Mensch, der dazu fähig war, einen Verrat in Form eines Friedenskusses zu begehen. Aber Christus hat ihn bis zum Ende „Freund" genannt, weil er auch andere Apostel, die nicht geringere Fehler mit sich gebracht haben, als Freunde betrachtete.

Wenn man ihn dem wankelmütigen Petrus, dem unduldsamen Johannes oder dem mißtrauischen Thomas gegenüberstellt, kommt er uns gar nicht so verdorben vor. Christus hat eben keine großen und heiligen Menschen zu Freunden erwählt. Jeder Apostel hätte Jesus genauso gut verraten können. Wenn uns etwas bei der Lesung des Johannesevangeliums traurig stimmt, so dies: Johannes hätte über Judas nicht so hart sprechen dürfen. In seinem gehässigen Urteil hat er sicherlich nicht von Jesus, sondern von sich selbst Zeugnis abgelegt. Die Evangelien bieten uns nicht genügend Anhaltspunkte, um eine Psychologie des Verrats von Judas an Jesus zu entwerfen. So tun wir besser daran, diesen Verrat seine eigene Sache sein zu lassen und die des menschenliebenden und erbarmungsvollen Erlösers. Jeder von uns hat bereits in irgendeiner Beziehung einen Freund verraten, einen Menschen, der ihm sein Herz geschenkt hat.

Und umgekehrt: Nachdem ein Mensch den Gottessohn verraten hat, können wir gewiß sein, daß uns irgend jemand, den wir sehr geliebt haben und immer noch lieben, verraten wird. Das ist ein Schicksal, wogegen wir uns, wenn wir Christen sind, nicht auflehnen dürfen. Indem wir Christus nachfolgen wollen, müssen wir lieben, müssen Freunde haben. Das alles sollen wir in einer Welt tun, in der Liebe und Verrat im gleichen Menschenherzen dicht nebeneinander beheimatet sind. Indem wir lieben, setzen wir uns der Möglichkeit einer Tragödie aus. Dieser kann man nur entgehen, indem man sich verschließt, indem man sein Herz niemandem schenkt. In der Liebe überantwortet sich der Mensch in die Hände eines anderen, dessen Liebe und Treue bedroht sind. Dennoch gibt es keinen anderen Weg zum Glück.

„Lieben heißt immer schon verletzlich sein. Liebe irgend etwas, und dein Herz wird gequält und möglicherweise gebrochen. Willst du dein Herz ganz zuverlässig unversehrt bewahren, darfst du es nie verschenken, nicht einmal einem Tier. Umgib es sorgfältig mit kleinen Gewohnheiten, meide alle Verwicklungen, verschließe es sicher in den Sarg deiner Selbstsucht. Aber in diesem Sarg – gesichert, reglos, ohne Luft – verändert es sich. Du hast nur die Wahl zwischen Tragik – oder wenigstens dem Wagnis einer Tragödie – und Verdammung. Der einzige Ort außerhalb des Himmels, wo du vor allen Gefahren der Liebe vollkommen sicher sein kannst, ist die Hölle" (C. S. Lewis).

Ein Mensch, den wir lieben, kann unser Wesen vergiften, unser Schicksal zerstören, unsere schönsten Hoffnungen enttäuschen. Ehrlich und reif zu lieben, das bedeutet, in der Liebe bis zum Tod ausharren. Es ist eine Nachfolge Christi bis zum Kreuz. Dies sollten wir aus der tragischen Geschichte der Freundschaft zwischen Jesus und Judas von Karioth lernen. Diese zwei Menschen, von denen einer Gott selbst war und der andere ein armseliges Wesen, haben mit ihrem Herzblut das Kreuz über jegliche menschliche Liebe gezeichnet. Was mit Judas nachher geschehen ist, das sollten wir seinem Freund, Christus, überlassen. Was zwei Freunde einander zu sagen haben, geht uns nichts an.

Die Verlassenheit

Im Augenblick der Gefangennahme Jesu ergreifen alle Jünger die Flucht. Die Knechte führen Jesus zu Annas, dem Schwiegervater des amtierenden Hohenpriesters Kaiphas. Der Kampf beginnt. Jesus wird ihn allein bestehen müssen. Sicherlich haben die Jünger Jesus aus Furcht verlassen. Hinter dieser Furcht steht aber noch mehr: die Verstörtheit. Daß die Knechte den Mann, in dem die Jünger den Messias erkannt haben, gefangennehmen können, war für die Jünger der Zusammenbruch all ihrer Hoffnungen und Träume. Jesus hat sie grenzenlos enttäuscht. So machtlos kann und darf ein Gottessohn nicht sein!

Denken wir aber tiefer! Jesus wollte gar nicht, daß sie bei ihm blieben. Er selber hat ja die Initiative ergriffen, indem er den Befehlshaber der Kohorte gebeten hat: „Wenn ihr mich sucht, so laßt diese da ziehen!" Je entschiedener Jesus dem Tod entgegengeht, um so mehr verengt sich der Kreis der Freunde um ihn, bis er am Ende jeglicher Erdenbindung enthoben ist. Den endgültigen Durchbruch der Menschheit in die Sphäre der Gottunmittelbarkeit konnte nur er allein vollziehen. Was er nun zu tun gedachte, schloß jede Nähe eines andern aus.

Darin wird eine Grundgesetzlichkeit der geistigen Schöpfung deutlich. Wer „höher“ gelangen will, muß aus allen Sphären des Verwirklichten und Erreichten „aus“brechen, muß sich ganzheitlich als Person sammeln, sich mit dem letzten Einsatz seiner Wirklichkeit ins Noch-Nicht, ins Darüber-Hinaus versetzen. Er muß in die Einsamkeit hineingehen, wenn er ganzheitlich dem Absoluten nahekommen will. Er muß wirklich „er selbst“ werden. Während seines Lebens wird er von Menschen, Dingen und Ereignissen, von Sehnsüchten und Träumen beherrscht. Das alles stellt den Raum seines Wesens voll. Diese Vielheit läßt das Eigentlich-Wesentliche in seinem Bewußtsein nicht zur Geltung kommen. Der Mensch, der Einmaliges vollziehen will, muß zuerst auf seine eigene Wirklichkeit, auf das Wesentliche seines Seins zurückgeführt werden. Dazu muß er sich aber all dessen entreißen, woran er mit allen Fasern seiner Wirklichkeit hängt, und sich dem Einen, dem Unbekannten und Erfüllenden preisgeben. Alle Masken müssen fallen, und alle Rollen müssen ein Ende nehmen. Es gibt im menschlichen Wesen einen heiligen Bereich, auf den sich der Mensch zurückziehen kann, wenn er „die“ Tat seines Lebens vollziehen will.

Die Apostel, indem sie Jesus allein ließen, ihn der endgültigen Einsamkeit überantworteten, mußten ja so handeln. Vielleicht hätten sie es mit weniger Feigheit und Bestürzung, also mit viel mehr Würde machen sollen. Jedenfalls dürfen wir ihnen dankbar sein, daß sie Jesus das tun ließen, wozu er in die Welt gekommen ist. Einer hat ihn noch einmal bei seiner Sammlung auf das Wesentliche gestört: Petrus. Er wollte mit seinem lächerlichen Schwertstreich noch einmal vor Jesus etwas „beweisen“. Die Frauen aber, vor allem Maria, die Mutter Jesu, und dann später auch der zuerst feige Johannes, haben viel mehr begriffen. Sie ließen ihn allein und waren trotzdem, zwar von fern, dabei. Man erahnt bereits hier, wie Jesus, der als erster den Durchbruch der Menschheit in die Herrlichkeit wagte, einen Weg ging, der nichts Zufälliges an sich hatte. Der Weg des Kreuzes wurde ihm von uns, von unserer menschlichen Verfassung vorgeschrieben. Dies wird noch deutlicher hervortreten, wenn wir Strecken des Leidensweges Jesu betrachten.

Die Verurteilung

Jesus ging mit der Entschiedenheit seiner gottmenschlichen Wirklichkeit in die Vollendung hinein. Er wollte alles abreißen und durchbrechen, was uns in uns selbst einsperrt und was uns daran hindert, ins Grenzenlose hineinzuwachsen. Dabei mußte er Verrat und Verlassenheit erfahren, und zwar nicht als zufällige Begebenheiten, sondern als das, was mit diesem Schritt ins Grenzenlose wesenhaft verbunden ist. Dies gilt ebenso von seiner Verurteilung. Wir wollen auch hier nicht die Frage der Schuld berühren. Wer von uns hätte einen Menschen, der sich gefangennehmen läßt, dem man ins Gesicht schlagen kann und der sich dabei noch als Gottes Sohn ausgibt, nicht für einen Gotteslästerer gehalten?

Die Mentalität des Hohen Rates ist auch heute nicht ausgestorben. Auch in der Kirche nicht. Es gibt unter uns viele, die den Menschensohn im Namen der Ehre Gottes abschreiben und verurteilen würden. Wenn man sich vorbehaltlos auf den Standpunkt der Welt stellt und diesen unbedingt gegen das Unberechenbare und geradezu Unheimliche der göttlichen Liebe – die sich in einen armseligen Menschen, der nichts zu sagen weiß, den man stoßen und anspucken kann einbirgt – behauptet, dann allerdings muß man sagen: Dieser hat Gott gelästert. Wenn man versucht, Jesu Existenz einmal nicht in vorgefaßten Begriffen, sondern von seinen eigenen menschlichen Erlebnissen her zu begreifen, so erscheint sein Gang auf Golgotha als selbstverständlich, eindeutig und der menschlichen Natur gemäß. Um aus unserer Welt zu Gott zu gehen, gibt es keinen anderen Weg.

Das Geschlagensein

Mehrmals wird in den Evangelien erwähnt, daß man Jesus geschlagen hat. Wir müssen dabei tief in die gottmenschliche Wirklichkeit Jesu hineinschauen, um zu verstehen, was das bedeutete. Christus war Gottmensch.

Dies bedeutet, daß er ganz Mensch war, eine Einheit von Leib und Seele. Der Mensch als Leib-Seele-Einheit steht im Sein, indem die Seele den Leib bis in die letzten Fasern und Regungen durchdringt. Anderseits, indem das Leibliche derart in die Seele hineingenommen wird, daß sie zur Wesenseinheit werden. Somit ist der Leib im vornherein in der Seele mit einbeschlossen. Alles, was in der Leiblichkeit erscheint, ist Ausfaltung der Seele. Wir können den Menschenleib nicht berühren, ohne die Seele „anzutasten“. Wer Jesus leiblich schlug, hat seine Seele geschändet, sie gegeißelt und mit Dornen gekrönt.

Dies bedeutet, daß Jesu menschliche Wirklichkeit unmittelbar mit der zweiten göttlichen Person vereint war. Wer Jesu Leib verletzte, hat also unmittelbar Gott geschlagen. Die Philosophie wird uns sagen, das sei Unsinn, man kann Gott gar nicht schlagen. Dennoch geschah es, nicht weil wir Gott von uns aus hätten schlagen können (da hat die Philosophie vollkommen recht), sondern weil Gott selbst sich uns ausgeliefert hat (und in dem Punkt ist die Philosophie ein schlechter Scherz).

All das müssen wir bedenken, wenn wir das Geschlagensein Jesu in seiner Furchtbarkeit verstehen wollen. Indem man einem Menschen ins Gesicht schlägt, trifft man das Herz Gottes. Daran gibt es nichts herumzudeuteln. Indem sich aber Gott in die menschliche Wirklichkeit hineinbegab, hat er sich Schlägen ausgeliefert, die den Menschen zugefügt werden. Es gibt keinen Menschen, der – in irgendeiner Weise – nie geschlagen worden wäre. Und je mehr der Mensch wirklich Mensch wird, desto mehr wird er geschlagen. Weshalb aber? Vielleicht heißt die Antwort: weil der Mensch sich selbst nicht aushalten kann. Es ekelt ihm vor sich selbst. Er möchte sich selbst ins Gesicht schlagen. So schlägt er jenes, was ihm an Menschlichem unter die Fäuste kommt. Die „Fäuste“ können freilich auch symbolisch verstanden werden. Man kann einen Menschen schlagen, indem man ihn gar nicht berührt. Und wer von uns hätte einen Menschen in diesem Sinne noch nie geschlagen? Dieser Mensch hätte Jesus selbst sein können und somit hätten wir unmittelbar ins Antlitz Gottes geschlagen.

Schon bei der ersten Etappe der Leidensgeschichte Jesu wurde uns eines klar: Die Kreuzigung Jesu war nichts „Außergewöhnliches“. Sie war nur die Art und Weise, wie der Mensch seine Eigentlichkeit in der Welt bestehen muß: im Verrat, in der Verlassenheit, in der Verurteilung und im Geschlagensein. Erlösung heißt nichts anderes, als daß Gott sich in die menschliche Situation hineinbegeben hat. Das Kreuz des Menschseins wurde somit das Symbol der Erlösung. Wir möchten nun den gleichen Gedankengang verfolgen und aufzeigen, daß Jesus auf seinem Weg zum Kreuz nur das eine tat: unsere menschliche Wirklichkeit restlos auf sich zu nehmen und sie hineinzutragen in Gott.

Die Unwahrhaftigkeit

Jesus wird der politischen Macht überantwortet. Man schleppt ihn zu Pilatus, man klagt ihn an, indem man seine Absichten als politisches Verbrechen darstellt. Der Römer schickt Jesus dann zu Herodes, der ihn mitsamt seinem Hofgesinde verspottet. Daraufhin wird Jesus wieder dem Gouverneur zugespielt. Pilatus muß jetzt eine Entscheidung treffen. Der todmüde Jesus scheint ihm keines persönlichen Einsatzes wert zu sein. So überläßt er ihn den Folterknechten, verkündet das Todesurteil und geht zur Tagesordnung über. Die ganze Sache ist für ihn erledigt. Das Schicksal Jesu zerbricht hier an zwei Machtmenschen, an Pilatus und Herodes, an Menschen, die offenbar keine Beziehung zu den letzten Werten des Lebens hatten, zur Wahrheit und zur Achtung. An solchen Menschen wird jegliches Menschenschicksal zerbrechen. Jesus lebt uns hier in der äußersten Verwirklichung das vor, was wir alle in unserem Leben erfahren und woran wir einmal scheitern werden.

Zunächst an der Unwahrhaftigkeit. Pilatus war aller Wahrscheinlichkeit nach ein kultivierter, vielleicht sogar sympathischer Mensch. Gerade das ist so erschütternd an ihm und überhaupt an unserer Welt, daß dieser Mensch innerlich so gebrochen sein konnte. Indem er aussprach: „Was ist die Wahrheit?“, und zwar nicht im Tonfall der suchenden Unruhe, sondern in dem der resignierten Gleichgültigkeit hat er gezeigt, in welcher Verworrenheit der Mensch leben kann. Es gab für ihn offenbar nichts, woran er das Maß seiner Handlungen und seiner Worte hätte ablesen können. Das Ja und das Nein waren irgendwie in seinem Wesen verschmolzen. Somit hat er sich mit dem gleichgesetzt, was ihm noch blieb: mit seinem Erfolg, mit der Macht, mit dem Spiel. Die Anstrengung des Alls nach Höhe ist in ihm zusammengebrochen. Er trug Verantwortung, ohne zu wissen, wozu und warum.

Daß dies in unserer Welt möglich ist, daß man mit Menschen und Dingen machen kann, was man will, und daß man dabei noch

Erfolg hat, legt den schrecklichen Zustand bloß, in dem sich unsere Existenz befindet. Nur in einer „selbstverlierenden" Haltung kann die Wahrheit gefunden werden. In einem wahrheitssuchenden Menschen entsteht die Welt in ihrer richtigen Gestalt, ja wird erst eigentlich zur Welt, zum lichten Raum des der Wirklichkeit demütig begegnenden Menschen. Die Unwahrhaftigkeit dagegen zerstört die Kraft der Welt. Diese wird zur Gauklerbude des eigenen Ichs, zum Schauplatz der Triebe und der Herrschsucht. Das Krumme kann in jedem Moment gerade werden und das Gerade krumm. In einer solchen Welt lohnt es sich dann wirklich nicht, sich für irgend etwas einzusetzen. Nichts ist mehr mit der Fülle der Person zu bejahen, man kann nichts mehr mit der letzten Entschiedenheit verneinen. Somit werden Freiheit, Demut, Liebe und Freundschaft, ja sogar Zorn unmöglich. Das Wesen wird unwesentlich, die Wahrheit unwichtig, der Mensch ein kultiviertes Nichts. Es war unmöglich, daß Jesus, der von sich sagte, er sei dazu in die Welt gekommen, damit er für die Wahrheit Zeugnis ablege, ja daß er „die" Wahrheit sei, in einer solchen „seinskrummen" Welt irgendeine Chance gehabt hätte außer der Kreuzigung. Er mußte gekreuzigt werden, weil und indem er Mensch war.

Die Verachtung

Noch ohnmächtiger erscheint Jesus vor einem anderen Menschen, in dessen Hände ihn das menschliche Schicksal auslieferte, vor Herodes. Dieser Mensch wußte nicht, was Person und Würde sind. Offenbar ist er ein „pathetischer" Mensch gewesen, einer, der Interesse am Aufregenden und Ungewöhnlichen fand. Deshalb war er zunächst froh, daß Pilatus Jesus zu ihm schickte. Jetzt wird er vielleicht Gauklerstücke erleben können. Hier wurde etwas von Jesus verlangt, was wir alle immer wieder von ihm oder von unseren Mitmenschen verlangen: daß er uns amüsiert, daß er uns über die Langeweile des Lebens hinweghilft, daß er uns das Leben leichter macht. Was Jesus von uns will, was er ist und wohin er uns führen möchte, das interessiert uns nur wenig. Er soll sich bemühen, uns das Leben zu verzaubern. Vor Herodes stand Jesus schweigsam da. Er hat nichts getan und sagte kein einziges Wort.

Denken wir nun ehrlich nach. Darf man von einem Menschen verlangen, daß er uns amüsiert, daß er sich interessant macht unseretwegen? Und gerade das verlangen wir täglich: von unserem Freund, von unserer Frau, von unserem Mann. Wir wollen oft gar nicht das Du des andern, sondern möchten, daß dieses Du uns befriedigt, selbst wenn es ihm elend dabei ist. Viel wird in unserer Welt gespielt: mit Gefühlen, mit dem Leib, der Ehre, der Würde, mit der Zeit und mit dem Sein des andern.

Es gibt zwar noch Regeln bei diesem Spiel. Regeln des Anstandes, der Gewohnheit. Aber das Spiel bleibt eben Spiel. Gelegentlich fallen dann alle Regeln weg. Der Mensch muß dann erleben, daß ein anderer, der Macht über ihn hat, sagt: Du bist für mich da, du interessierst mich nur in dem Maße, als du dich für mich interessant machst. Versuche es. Dann werden wir auskommen. Es ist bei Herodes nichts anderes geschehen als das, was einem jeden Menschen oft widerfährt und was ein Mensch, wenn er weiß, was er in Wirklichkeit ist, als Demütigung und Beleidigung empfinden muß.

So setzt sich, Zug um Zug, das Kreuz Jesu zusammen: aus Verrat, aus Verlassenheit, aus Verurteilung, aus Geschlagensein, aus Unwahrhaftigkeit und aus Verachtung. Nichts, aber gar nichts ist daran zufällig. Es gibt eine unerbittliche Logik des Kreuzes. Kreuz ist restlos gelebte menschliche Eigentlichkeit. Aber: das Menschsein derart zu Ende zu leben, das war nur Gott möglich.

Der Verworfene

Jesus wurde zur Hinrichtung geführt. Er trug sein Kreuz auf den Schultern. Die Henker schlugen ihn mit Nägeln darauf. Er hing zwischen zwei Verbrechern und sprach sieben Worte. Er betete für die, die ihn gekreuzigt hatten. Er vergab den Schächern und anempfahl seine Mutter dem Jünger Johannes. Die Sonne verfinsterte sich. Die Felsen spalteten sich. Die Gräber taten sich auf. Der Vorhang des Tempels zerriß von oben bis unten in zwei Teile. Die Kleider Jesu wurden verteilt. Seine Seite wurde mit einer Lanze durchstoßen, und es floß Blut und Wasser heraus. Jesus wurde vom Kreuz abgenommen in Gegenwart seiner Mutter. Sein Leib wurde zu Grabe gebracht, gesalbt und begraben.

Es wurden Wächter aufgestellt. Der heilige Leib wurde liegengelassen. Maria ging heim.

Aus dieser Dichte der Ereignisse möchte ich zwei Punkte hervorheben: die Begegnung mit dem Schächer und die Trauer Mariens. Den Tod Jesu selbst möchte ich gar nicht erwähnen, und zwar aus drei Gründen: weil mir vielleicht dabei die Worte versagen würden; weil dabei im Grunde gar nichts zu sagen, sondern nur in Demut hinzuschauen ist; und weil der Tod Jesu nicht mehr zu seinem Leid, sondern zu seinem Sieg, zur Auferstehung gehört. Lieber möchte ich darüber reden, was ein Sünder und was das heiligste Wesen, das diese Erde je betrat, bei diesem Tod erlebt haben.

Von wem wurde Jesus, dieser geschlagene und gekreuzigte Gottmensch wirklich und vorbehaltlos aufgenommen? Von einem Verworfenen und von einer Heiligen. Also von Menschen, die – zwar auf völlig verschiedene Art – am Rande menschlicher Existenz angelangt sind.

Jesus ist nicht die Antwort auf die Fragen der Politik, der Sozialstruktur, der Freizeitgestaltung, der Literatur und der Philosophie. All diese Fragen sollen die Menschen selber beantworten. Sie sollen nach Lösungen suchen, Möglichkeiten auskundschaften. Gott hat uns ja genug Vernunft und Scharfsinn gegeben, um die Welt zu beherrschen. Dazu braucht man keinen Erlöser. Dort aber, wo das Menschsein in uns zusammenbricht, kann keine Politik, keine Literatur und keine Philosophie uns helfen. Da kann uns nur Gott eine Antwort geben. Wenn er sie nicht gibt, dann sind wir verloren. Aber er gibt sie. Er sagt uns: Heute noch wirst du mit mir im Paradiese sein. Bei Gott zählt nicht unser Ansehen und auch nicht eine bewundernswerte Karriere. Er will nur unser Herz. In der letzten Minute kann man ihm noch ja sagen. Dann ist alles in Ordnung. Das Herz eines Verbrechers ist ihm unendlich wichtig. Und dies ist die Antwort der göttlichen Weisheit Jesu:

„Ein Hausherr ging in der ersten Morgenfrühe aus, um Arbeiter in seinen Weinberg zu dingen. Nachdem er mit den Arbeitern mit einem Denar für den Tag übereingekommen war, schickte er sie in seinen Weinberg. Als er um die dritte Stunde ausging, sah er andere müßig auf dem Platze stehen und sprach zu ihnen: ‚Gehet auch ihr in meinen Weinberg, ich werde euch geben, was recht ist.‘ Und sie gingen hin. Und um die sechste und neunte

Stunde ging er wieder aus und wiederholte das gleiche. Auch als er um die elfte Stunde ausging, fand er noch Leute dastehen und sagte zu ihnen: ‚Was steht ihr den ganzen Tag müßig da?' Sie sagten: ‚Es hat uns niemand gedungen.' Das sprach er zu ihnen: ‚Gehet auch ihr in den Weinberg.' Als es Abend geworden, sprach der Herr des Weinbergs zu seinem Verwalter: ‚Rufe die Arbeiter und zahle ihnen den Lohn aus; fange bei den letzten an, bis zu den ersten.' Als die zur elften Stunde eingestellten Arbeiter drankamen, empfingen sie je einen Denar. Und als die ersten drankamen, dachten sie, sie würden mehr empfangen. Aber auch sie empfingen je einen Denar. Als sie ihn erhielten, murrten sie wider den Hausherrn und sagten: ‚Diese letzten haben nur eine Stunde gearbeitet, und du hast sie uns gleichgestellt, obschon wir die Last und die Hitze des Tages ertragen haben!' Er gab aber einem von ihnen zur Antwort: ‚Freund, ich tue dir kein Unrecht. Bist du nicht um einen Denar mit mir übereingekommen? Nimm das Deine und gehe! Denn es gefällt mir, dem letzten Gleiches zu geben wie dir. Oder darf ich mit meinem Eigentum nicht tun, was mich gut dünkt?'" (Mt 20,1–15).

Wenn jemand dieses Gleichnis Jesu verstanden hat und auch das, was er am Kreuz zum Verbrecher sagte, und sich dabei von irgendeiner menschlichen Einrichtung beeindrucken läßt, dem ist wahrscheinlich nicht zu helfen. Wer diese Haltung Jesu nicht hinnehmen will, der möge die Christen selbst aus der Welt schaffen und an den eigenen Menschenordnungen festhalten. Die Menschen haben den armen Verbrecher festgebunden. Es war für ihn kein Entkommen mehr möglich. Aber Gott ging hinein in den Kerker seiner Existenz und sprach zu ihm, wie der Engel damals zu Petrus sprach: „Steh auf und gehe!" Der arme Mensch konnte aber nicht mehr aufstehen und gehen. Er gehorchte aber Jesus und ging dorthin, wohin er mit seinen festgebundenen Füßen noch gehen konnte, in den Himmel. Er ging hinaus aus unserer Welt der Berechnung und der Vergeltung. Wer je von einer radikalen Revolution geträumt hat, der kann hier sehen, wie man eine solche vollbringt: durch Vergebung und dadurch, daß man selbst denen Hoffnung schenkt, die gar keine Hoffnung mehr haben. Dieses Wort der letzten Vergebung hat aber ein Mensch ausgesprochen, der selber ans Kreuz genagelt war.

Noch jemand wurde in der geballten Katastrophe Jesu eines Wortes gewürdigt: seine Mutter, die Jungfrau Maria. In ihren Lebenstagen versuchte sie all das zu verwirklichen, wofür Jesus seinen schweren Gang zum Kreuz unternahm: die Reinheit und die Aufrichtigkeit des Menschseins. Wenn wir hier das Wort Reinheit aussprechen, so meinen wir keine Verkrampfung oder Leugnung des Lebens. Reinheit ist die Positivität des Seins; die Geradlinigkeit und der Schwung der Liebe. Sie verwirklicht sich in jenem Menschen, der sich im Egoismus nicht einrollt, dessen Daseinsregungen von ihm fortgehen, der ganz ist im Dienen und in der Hingabe. In einem solchen Menschen gibt es keinen Verrat, keine Feigheit, keine Verleugnung, keine Unwahrhaftigkeit, keine Unehrlichkeit und keine Verstellung des Seins. In ihm kann Gott Heimat finden. Gott kann sich in einem solchen Wesen restlos verdichten, so daß er schließlich in unserer Welt wie ein kleines Kind erscheint. Die heilige Jungfrau war die Dichte des Lebens. In ihr konzentrierte sich die Lebendigkeit des Alls. Und dieses Lebendigste allen Erdenlebens erhielt von Jesus am Kreuze eine Antwort.

Dies bedeutet im Grunde, daß Jesus für jene Menschen starb, die so sein möchten, wie Maria war. Freilich starb er für alle anderen auch. Der Lohn ist für alle der gleiche: für Maria und für den Schächer. Darüber brauchen wir kein Wort zu verlieren. Hier geht es aber nicht um Lohn. Vielmehr geht es darum, Menschen zu schaffen, die sich rein halten von der Machtgier, vom Mißbrauch der menschlichen Person, von der Lüge und der Verstellung. Es geht also darum, die „Menschen" aus der Menschheit zu sammeln. Jesus will niemandem sein Glück nehmen.

Was aber in der Seele Mariens bei Jesu Kreuzestod geschah, das ist unsere Zukunft. Als sie ruhig heimging, obwohl ihre Gefühle ziemlich durcheinandergeraten waren, geschah etwas Kostbares: das erlöste All entstand. Es war eine Frau, die unsere Erlösung zuerst begriff. Deshalb verehren die Christen die Frauen, geben ihnen Ehre und Verehrung. Maria kehrte heim, Christus ging in den Himmel ein. Sie wußte schon, was sie bald überwältigen sollte. Das Menschsein wurde endlich voll erschaffen. Einer hat sich durchgekämpft. Durch die ganze Niedrigkeit menschlichen Seins ist er in einem einsamen, blutigen

Gang hindurchgeschritten. Jetzt steht der Mensch da: „Ecce homo."

Wenn ein Mensch in seinem Leben darauf verzichtet, an irgendeinem Freund Verrat zu begehen, Menschen in ihrer Einsamkeit ersticken zu lassen, Menschen zu verurteilen, Verlassene zu schlagen, wer von einer demütigen Suche nach Wahrheit beseelt ist, wer nie mit Personen spielt, wer immer auf die Gesinnung des Herzens schaut und nicht auf das äußere Ansehen, wer sich dem Reinen und Sauberen verpflichtet, in einem solchen Menschen erreicht das Sein seinen Höhepunkt. Aber: Zugleich wird in ihm das Kreuz Christi aufgerichtet. Dies ist wohl der eigentliche Sinn des Kreuzes: Gott hat das menschliche Leben auf den Himmel hin entworfen. Die Welt entsteht in ihrer eigentlichen Gestalt, indem der Mensch den Himmel betritt. Die Welt ist ein Werden auf das Glück hin. Das Ende ist der eigentliche Anfang. Der Himmel ist die endgültig erschaffene Welt. Dieser Drang des Universums wurde aber durch den Sündenfall unterbrochen. In einem jahrmilliardenlangen Streben nach Höhe hat sich die Welt im Menschen gesammelt und hätte durch den Menschen, durch seine bewußte Entscheidung für Gott, sich zum ewigen Bestand der Herrlichkeit emporringen sollen. Die Welt hätte – nach dem ursprünglichen Schöpfungsplan – durch den menschlichen Geist, mit dem sie ja (im Menschenleib) wesenhaft vereint ist, in das ewige Mitsein mit Gott eingehen können. Der Sündenfall hat aber diesem kosmischen Strom einen Damm errichtet. So hat sich die Energie des Weltalls im menschlichen Sein aufgestaut. Diese Stauung der Energien erzeugte im Menschendasein einen Wirbel von Spannungen und Brandungen, die sich in unserem Bewußtsein oft als Grausamkeit, Gewalt und Verlogenheit auswirkte. Gott wollte aber die Weltentwicklung wieder in Bewegung bringen. Deshalb hat er in die Weltwirklichkeit radikal eingegriffen und wurde in Jesus Mensch, ging hinein in den Tod und durchbrach somit die Mauer der Welt. Durch diesen Riß kann jetzt die Weltentwicklung weiterströmen und hineinbranden in die ewige Vollendung. Nur wer an Jesu Kreuz glaubt, kann unserer Welt noch eine Hoffnung geben. Ans Kreuz zu glauben heißt hier, das geheimste Gesetz der menschlichen Wirklichkeit, den Drang nach Ehrlichkeit, Güte und Gewaltlosigkeit auf uns zu nehmen, selbst wenn wir daran zerbrechen.

Das Kreuz der Welt

Was bedeutet das Kreuz für uns heutige Christen? Diese Frage möchte ich jetzt bedenken. Es gibt aber zwei Arten des Denkens: *das rechnende Denken* und *das besinnliche Nachdenken.* Beide sind berechtigt, gut und nötig. Heute wird einerseits leidenschaftlich geforscht, geplant und untersucht. Dieser Aufwand an Scharfsinn ist unentbehrlich und hat seinen großen Nutzen für die Bewältigung des Lebens. Das Eigenartige ist aber, daß wenn wir forschen, planen und unser Leben einrichten, stets mit gegebenen Umständen rechnen. Dieses „Rechnen" kennzeichnet alles planende und forschende Denken: Es berechnet die aussichtsreichen Möglichkeiten. Dem Vorläufigen verhaftet, kommt es dabei aber nicht zur Besinnung. Es ist eben kein „besinnliches Denken"; nicht ein Denken, das dem Sinn nachdenkt, der in allem waltet was ist.

Was geschieht aber, wenn ein Mensch *nachdenklich* wird? Er blickt in die Ferne, in das Unerreichbare und trotzdem einzig Notwendige; auf das, was er nicht bewältigen kann und wovon trotzdem sein Schicksal als Mensch abhängt. Dieses „Nach-sinnen" möchte ich diesmal pflegen. Das Nachdenken ereignet sich in der Ruhe, im Abwarten, in der Gelassenheit. Es ist eine Tugend, die mühsam eingeübt werden muß; die Fähigkeit, sich in die Nähe des Geschöpflichen begeben zu können. Der Leser wird sofort bemerkt haben, wie groß das damit Gemeinte ist. Allen eine Nähe schenken! Ich armseliges Geschöpf! Wie kann ich es tun? Was berechtigt mich, das zu tun? Dies ist „die" Frage des Kreuzes. Und hier muß mein Denken den philosophischen Bereich verlassen.

Nur ein Mensch lebte in der absoluten Nähe zu den Geschöpfen. Dieser Mensch war Gott: Jesus Christus. Deshalb ist er der einzige Mensch, der uns restlose Nähe, echtes „In-die-Nähe-gehen" lehren kann. Er hat uns Worte gesagt, die das Innerste der Dinge und das Innerste des Geheimnisses aufschließen; wesenhafte Worte, die nicht nur „hingesprochen" wurden, sondern das Eigentliche und das Wesentliche unseres Seins trafen. Es ist erschütternd zu erleben, wie Christus sprach. Es war eine im schweren menschlichen Schicksal geformte und gerade deshalb völlig abgeklärte Sprache. Nach langem Schweigen kam für Christus der Zeitpunkt, da er anfing, den Schleier des Irdischen wegzureißen. Durch das Irdische hindurch leuchtete auf einmal das Göttliche, das Nichtgreifbare. Seine Worte wurden reif und von ewigem Sinn getragen. Kranke, Besessene, Unruhige und Sünder konnte er mit der Macht seines Sprechens erlösen.

Das ist es, was wir in so manchen Stunden unseres schweren Lebens, da wir andern helfen möchten, uns selbst ersehnen; daß wir die Sprache wesenhafter Nähe hätten; daß unsere Sprache Ketten lösen, Dunkelheiten wegtreiben möge. Christus hat das gekonnt. Dann kam das Schwere seines gott-menschlichen Schicksals über ihn. Dabei wurde seine Sprache noch ruhiger, immer mehr vom Schweigen umfangen bis zum Kreuz. Vom Kreuz herab hören wir nurmehr wenige Brocken aus seinem ausgetrockneten und gequälten Mund. Es sind im Schweigen, im Todeskampf und im Gebet errungene Worte der Nähe. In den sieben Worten Christi vom Kreuz entsteht Einheit der Welt, Nähe zu den Dingen und Vereinigung mit Gott. Da geschieht unser Heil.

„*Vater, vergib ihnen, denn sie wissen nicht, was sie tun*"

Dies war sein erstes Wort. Christus kann nichts mehr tun. Seine Hände und seine Füße sind ans Kreuz genagelt. Sprechen kann er noch; zwar mühsam, gebrochen, aber aus einer Seele heraus, die Nähe sucht. Christus bittet um Vergebung für jene, die ihn verurteilt und gekreuzigt habe. Er findet für sie noch eine *Entschuldigung*. Er sagt: Diese Menschen wissen nicht, was sie tun.

Wir müssen dieses Wort ernst nehmen. Wir alle leben in einer existentiellen Unwissenheit. Wir wissen oft nicht, was wesentlich, was bedeutungslos ist; woher wir kommen und wohin wir gehen. Wir erahnen Großes, und wenn es vor uns steht, erkennen wir es nicht. In der Tragödie seines Lebens findet Christus die Einsicht: Man kann keinen Menschen verurteilen. Der Mensch weiß, und zwar wesenhaft, nicht, was er tut. Um das Eigentliche weiß kein Mensch. Wir alle tappen im Dunkeln; nicht aus Bosheit, sondern aus dem Seltsam-Dumpfen unserer Empfindung und unseres Erlebens heraus. Die Entschuldigung ist die erste Vorbedingung der Nähe zu den Menschen. Kein Mensch kann die Last der eigenen Schuld allein aushalten. Die Entschuldigung schenkt Nähe zu Menschen bis in ihre Schuld hinein. Sie ist die Haltung radikaler Annahme menschlichen Gebrochenseins. Liebe zur unwissenden, dumpfen Kreatur, die wir alle sind. Wie bedarf die Welt einer solchen Einstellung! Wie bedarf unsere Welt solcher Priester im Beichtstuhl! Wie bedarf unsere Welt solcher Menschen wie Christus, die das geknickte Rohr nicht brechen und den glimmenden Docht nicht löschen; die am Ende immer noch sagen können, obwohl ihnen vielleicht die Beweise ausgegangen sind: „Sie wissen nicht, was sie tun!“ Diese wesenhafte Entschuldigung ist aber menschlich fast nicht möglich. Darin liegt die unendliche Größe Gottes, daß Christus dieses Wort ausgesprochen hat.

„Ich sage dir, heute noch wirst du mit mir im Paradiese sein“

Hier bricht etwas noch Tieferes aus der Seele Christi hervor. Nicht nur Entschuldigung, sondern *Verheißung.* In seiner eigenen Gebrochenheit gibt er einem völlig zerbrochenen Menschen noch eine letzte Hoffnung. Er bringt die Barmherzigkeit Gottes: „Dein Leben hat noch einen Ausweg, und dieser Ausweg heißt Himmel. Habe Hoffnung, laß keinen Haß aus deiner Seele emporsteigen. Die da unten, die uns gekreuzigt haben, erkennen das Wesen dieser Hoffnung noch nicht. Sie haben vielleicht eine dunkle Ahnung von ihr in den besten Augenblicken ihres Lebens. Wir beide sind unglücklich, verloren; aber unser Leben ist nicht zu Ende. Wir zwei wissen, daß unser Schicksal nicht das Ende sein kann. Kein Geschöpf hat ein Ende. Deshalb habe Hoffnung!“

So mögen diese kurzen Worte Christi im Ohr des Schächers geklungen haben. Es waren Worte der Verheißung. Hier hat

Christus das Wesentliche eines Seins bejaht. Nicht die täuschende, schillernde Oberfläche, sondern die Sehnsucht nach Güte, Vollendung und Selbstlosigkeit. Diese Sehnsucht ist das Innerste unseres Seins. Sie wird sich einmal zur Vollendung entfalten.

Diese Vollendung versprach Christus einem Verbrecher. Er versprach ihm den Himmel. Er sagte ihm, gleichsam im Angesicht des Todes: „Du wirst ewig leben. Du, mit all dem, was du getan hast, hast noch eine Hoffnung. Unser Leben fängt erst an, wenn wir den Himmel betreten. Versuche zu lieben. Versuche noch durchzuhalten. Du kommst sicherlich in den Himmel. Alles andere ist unwichtig."

„Siehe, dein Sohn. Siehe, deine Mutter"

Entschuldigung und Verheißung. Damit haben wir die Bedeutung des Ereignisses am Kreuz noch nicht ausgeschöpft. Eine neue Eigenschaft der Kreuzestheologie erscheint hier: *Das Schenken.* Dieses ist eine wesenhafte Bedingung echten Menschseins. Man kommt den Menschen nur nahe, wenn man ihnen etwas schenkt. Das wichtigste Geschenk ist unsere Gegenwart, unser Mitsein. Wir müssen uns selbst schenken. Dies ist vielleicht das Schwierigste, das die Liebe erschaffen kann: Selbsthingabe. Täuschung, Müdigkeit, die sind da, die zehren an unserem Leben. Aber echte Liebe überwindet all das. Das Geheimnis der Liebe heißt: Wir verlieren alles, was wir für uns behalten, und wir verlieren nichts, was wir wegschenken. Alles, was wir weggeschenkt haben, bleibt bei Gott aufbewahrt, macht unsere ewige Zukunft aus. Man kann freilich auch anders leben. Man kann alles behalten, was man im Leben erobert hat. Ist man aber glücklich dabei? Hier hat ein Mensch sogar seine Mutter weggeschenkt. Nun hat er nichts mehr. Das ist das Glück des Kreuzes: nichts mehr zu haben. Bis jetzt war alles relativ leicht: Entschuldigung, Verheißung, Schenken.

„Mein Gott, mein Gott, warum hast du mich verlassen!?“

Nun schenkt Jesus allen Menschen seine Nähe. Selbst denen, die Gott nicht kennen. Selbst jenen, die in einer Gott- und Selbstvergessenheit leben. Konkret gesagt: uns allen. Er nimmt die Einsamkeit auf sich. Er will nicht einmal von Gott etwas wissen. Er fühlt sich von dem verlassen, mit dem er wesenhaft eins ist, damit er mit uns eins sein kann. Er geht hinein in die Traurigkeit der Menschen. Jesus nimmt Partei. Die Partei der Einsamen und Verlassenen, derer, die keine Hoffnung mehr haben. In dieser Perspektive müßte ich sagen: Die Gottlosen sind nicht unsere Feinde. Ich danke den Atheisten, daß sie für uns das schrecklischste von allem Leid, die Abwesenheit Gottes, aushalten. Ich danke wirklich dafür, und ich verspreche ihnen, daß ich für sie den Glauben aushalten werde.

Wie war es möglich, daß Gott sich von Gott verlassen fühlte? Das vermag ich meinen Lesern leider beim besten Willen nicht zu sagen. Meine eigene Lebenserfahrung bestätigt es aber. Nur wer sich grundlos verlassen fühlt, kann den Menschen eine grundlose Nähe schenken. Er kann sagen: Mein Freund, ich habe all das mitgemacht und darin erfahren, daß Gott noch näher ist. Es ist schon gut. Vielleicht nicht so gut, wie du es dir ausgedacht hast, sondern besser. Dies ist die aus der Not menschlicher Existenz erwachende Gewißheit. Wohin führt uns Jesus? In welche unauslotbare Tiefe menschlichen Seins?

„Damit sich die Schrift bis zum letzten erfülle, sagte er: ‚Mich dürstet‘“

Für die Herumstehenden war dieses fünfte Wort der Schrei eines Menschen, dessen Kehle ausgetrocknet war, der um Hilfe, um eine kleine Erleichterung bettelte. Für einige Auserwählte hatte es eine tiefere Bedeutung, für jene, die wußten oder erahnten, daß dieser Mensch Gott selber war. Gott bettelt bei uns um Hilfe. Damit schenkt er uns eine neue Nähe. Wir können und dürfen Gott helfen. Gott verlangt von uns einen Schluck Wasser. Damit weist er uns einen Weg: Wir sollen die menschliche Güte an uns selbst geschehen lassen. Wir sollen die gütige Tat vollbringen, das Geschenk der Güte und des Wohlwollens demütig anzunehmen.

Das Sich-helfen-Lassen ist somit Pflicht des Kreuzes. Der Hochmut weist die Hilfe zurück. Er weist die furchtsame Hand der Barmherzigkeit weg. Gott aber läßt sich helfen. Ja, er bittet um Hilfe. Er versteht, daß der Mensch nur dann sein kann, wenn er helfen darf. Aber kein Freund Jesu konnte ihm, diesem leidenden Gottmenschen, einen erfrischenden Trunk reichen. Welcher hätte es nicht gern getan? Und er hätte diese Hilfe an sich gern gewähren lassen. Vielleicht war es besser so.

In der Sehnsucht des Helfenwollens und des Nicht-helfen-Könnens ging vielleicht die Seele der Freunde Jesu noch tiefer ins Geheimnis hinein: Die Sehnsucht genügt. Es genügt, daß wir den Wunsch in der Seele tragen, zu helfen, wo es nur möglich ist. Und wenn es wirklich nicht mehr möglich ist, begleiten wir den geliebten Menschen mit unseren lieben Wünschen, mit unserem Gebet, mit der Feinheit unseres Daseins und wissen, daß wir ihm dadurch wirklich helfen.

„*‚Es ist vollbracht.‘ Er neigte sein Haupt und gab den Geist auf*“

Wohl war die unmittelbare Bedeutung dieses Wortes: Ich bin „am Ende“. Ich kann nicht mehr weiter. Ich bin ausgehöhlt, verloren. Es bleibt von mir nichts mehr übrig. Ich kann nichts mehr tun. Meine Hände und meine Füße sind ans Kreuz genagelt, meine Kehle ist ausgetrocknet. Ich habe alles getan, was ein Mensch tun konnte. Nun ist es genug.

Nun gewinnt aber dieses Wort, „alles ist zu Ende“, seine innere Bedeutung: Alles ist vollendet. Gott hat unsere menschliche Existenz bis in die Vollendung hinein gelebt. Und nun – ihr Menschen – laßt ihn allein! Er hat uns alles gesagt, was er sagen konnte. Jetzt steht er Aug' in Aug' mit dem Vater. Stört ihn nicht! Er ist schon drüben im absoluten Geheimnis. Sein Werk ist vollendet, ja, die Welt ist vollendet. Jesus war uns noch nie näher als in diesem Moment der restlosen Entzogenheit. Alles Große vollzieht sich in der Einsamkeit. Aber wer Gott nahe ist, ist allen Menschen, ja allen Geschöpfen nahe. Hier hat Jesus unsere menschliche Kümmerlichkeit besiegt. Er hat alles weggeschenkt, sich selbst, ja selbst seinen Gott. Nun ist er allein, und da sagt er: „Alles ist vollendet." Wer kann dieses Geheimnis verstehen?

„Da rief Jesus mit lauter Stimme:
‚Vater, in deine Hände befehle ich meinen Geist'"

Aus unserer Existenz ist Jesus „hinausgebrochen" in eine Ferne. Er ist hinübergegangen zu etwas, ja zu jemand, den er selbst nur in stammelnden Worten beschreiben konnte. Er wartet auf uns. Das heißt: Er wartet darauf, daß wir seinen Geist in die Welt hinausstrahlen. „Er neigte sein Haupt": In seiner Todesnot hat er noch zu allem ja gesagt, was wir Menschen sind, erbärmliche und dennoch von ewiger Vollendung träumende Wesen. Jesus ist das „Ja unseres Seins", und sein Geist ist in den „Händen Gottes": „In deine Hände befehle ich meinen Geist."

Aber: In den Händen Gottes sein heißt „überall" sein. Überall, wo sich menschliche Nähe ereignet, das heißt überall, wo Verzeihung geschieht, wo Menschen Hoffnung gegeben wird, wo ein Mensch sich selbst verschenkt, wo jemand sich restlos verlassen fühlt, wo eine Existenz auf die Barmherzigkeit von Freunden vertraut, wo ein Mensch die Einsamkeit seines Schicksals aushält und schließlich, wo jemand wagt, sein ganzes Leben aufzugeben, um etwas Unerreichbares zu „erreichen", da ist Jesus schon anwesend. Und somit: Da ist die Kirche. Ob alle Sakramente, alle Vorschriften des kanonischen Rechts, die ganze Fülle des Zeugnisses da sind, was macht das schon aus. Christus, seine Gesinnung, sein Geist ist da.

Ich glaube nicht, meinen Lesern meine eigene Weisheit aufgezwungen zu haben, indem ich so über die letzten Worte eines sterbenden Menschen berichtete, eines Menschen, der restlos menschlich sein konnte, weil er Gott selber war. Sein Kreuz ist uns nicht etwas Fremdes. Das Kreuz auszuhalten heißt im Grunde, unsere eigene Existenz auszuhalten und damit einen Gott auszuhalten, der von uns solches fordert; mit einem solchen Gott zu leben, der diese sieben Worte ausgesprochen hat. Daraus erwächst die Forderung, daß wir die Dunkelheit unserer Welt ertragen und dieses Dunkle geduldig in Licht umwandeln. Daß wir schweigsam seien und in unserem Schweigen ein gutes Wort für die andern finden. Daß wir in unserer unruhigen Existenz eine wesenhafte Ruhe verwirklichen. Daß wir bekennen, daß wir unwürdig sind, und erkennen, daß in diesem Bekenntnis unsere eigentliche Würde besteht. Daß wir uns als Bettler erfahren, damit wir andere beschenken können.

Zum gekreuzigten Gottmenschen kann man nur gehen, wenn man ausspricht: „Herr, ich bin nicht würdig!" Wer aber dieses Wort ehrlich ausspricht, wer dies wirklich von sich denkt, ein solcher Mensch kann sicherlich zu ihm gehen. Nur jener Mensch empfängt Christus unwürdig, der sagt: „Herr, ich bin würdig!" Ich hoffe, daß niemand von uns ein solches Wort aussprechen wird.

Zweiter Teil

Hoffnung

Im Christlichen muß immer wieder nach dem Unabgeschlossenen und Offenen gefragt werden. So auch in unserem eigenen Leben. Dies bedeutet auch, daß wir uns nicht beengen lassen sollen durch unser gewordenes Dasein, daß uns immer etwas Ausstehendes bevorsteht. Dies nicht nur in der Weltbewältigung, nicht nur in der Kirche, nicht nur in unserer Familie, sondern auch in unserem ganz persönlichen, einmaligen Schicksal. Der Christ darf nicht so tun, als ob sich in seinem Leben nichts Neues mehr ereignen könnte. All das bringt in unser Leben eine Unsicherheit und ein Wagnis. Neben dem Kreuz kann diese Unsicherheit und dieses Wagnis die größte zu bewältigende Aufgabe christlichen Zeugnisses sein. Aber der ehrliche Mensch und erst recht der ehrliche Christ denkt gar nicht daran, wunschlos zu sein. Der Mensch ist ein „zukunftgerichtetes Wesen". Diese seine Eigenschaft nennt die Theologie Hoffnung. Sie richtet sich letztlich auf etwas Unerreichbares, auf Gott. An Gott teilzuhaben ist immer eine Bedrohung: „Er verdirbt die Weisheit der Weisen, und den Verstand der Verständigen macht er zunichte." Unser Gott ist „unberechenbar". Er kann uns vor Entscheidungen stellen, die von uns das ganze Herzblut unseres Lebens fordern. Dann kann er uns beglücken und eine Zeitlang in Ruhe lassen. Aber nicht lange. Augustinus sagte einmal: „Mein Gott ist jung!" Mit diesem „jungen Gott" sich einzulassen ist immer eine Herausforderung, aber vielleicht auch die größte Beglückung des christlichen Daseins.

Voraussetzungen christlichen Betens

Der Begriff „christliches Gebet" wird in diesem Beitrag nicht für die Bezeichnung einer abgegrenzten Tat (neben andern Taten), sondern für eine Grundhaltung, die alle andern Handlungen des Christen durchdringen soll, gebraucht. Die heutige Menschheit, wie sie geschichtlich geworden ist, lebt nicht mehr in einer allseitigen „Gottoffenheit". Deshalb sollte der Christenmensch seine gewohnte Lebenssphäre „aufbrechen", um Gott, dem Jenseitigen, wieder nahe zu sein. In solcher „Spannung des Betens" existiert christliches Dasein. Das christliche Gebet ist immer zugleich Bemühung und Geschenk. Somit wäre unsere Aufgabe klar umrissen. Christliche Existenz stellt durch eigene Bemühung und als gnadenhaftes Geschenk für sich und für die andern die Nähe Gottes her. Es ist nicht unbescheiden, innerlich vor Christus zu treten und die Bitte: „Herr, lehre uns beten" (Lk 11, 1) auszusprechen, auf die er damals mit dem Herrengebet den Jüngern geantwortet hat. Wollen wir über die Voraussetzungen christlichen Betens sprechen, so müssen wir zuvor die Situation des Gebetes heute entwerfen. Dies aber nur andeutungsweise, anhand von zwei Erfahrungen.

Gott ist schweigsamer geworden

Ich möchte hier nicht darauf hinweisen, daß er mit keinem Machtwort in die Wirrnisse unserer Zeit hineingreift. Das wäre gar nicht nach seiner Art. Eines ist uns allen aber bekannt und bedrückt uns oft unsäglich: Gott sieht alles, hört alles, weiß alles und – er schweigt. Wie gern möchten jene stillen Menschen, die in ihrer Hingabe, in ihrem eintönigen Leben unzählige gute Werke vollbringen, nur ein einziges Mal seine Stimme hören, um das Gute anzuerkennen, um die Seinen zu ermutigen! Aber Gott schweigt. Gebrochene Existenzen schreien nach Hilfe in ihrer Einsamkeit, die sie erdrückt. Oft gibt ihnen Gott kein Zeichen seiner Nähe, sondern bleibt stumm. Im Alten Bund finden wir überall die Klage der Geprüften: „Zu dir rufe ich, Herr! Du bist mein Fels! Dein Ohr verschließe sich mir nicht! Hörest du nicht auf mich, so gleiche ich jenen, die ins Grab sinken“ (Ps 28,1). Oder wiederum: „Du hast es gesehen, Herr! Schweige mir nicht! Herr, bleib nicht ferne von mir“ (Ps 35,22)! Die Beispiele ließen sich mehren. Dann stand eines Tages der Gottessohn vor seinen Feinden. Sie klagten ihn an, verurteilten und verhöhnten ihn. Und Gott schwieg auch hierzu. Am Kreuz betete Christus mit lauter Stimme. Sein herzzerreißender Schrei war ein Zeichen der Angst: „Mein Gott, mein Gott, warum hast du mich verlassen?“ (Mk 15,34). Selbst da schwieg Gott. Die Tatsache des Schweigens Gottes ist nicht neu. Sie scheint uns heute aber mehr zu bedrükken, weil sie in unserer Zeit aufs äußerste zugespitzt ist. Mehr denn je müssen sich die Menschen mit diesem Geheimnis auseinandersetzen. Deshalb wohl die bange Frage unserer Unfähigkeit: Hat es überhaupt noch einen Sinn, zu einem schweigenden Gott zu sprechen, zu ihm zu beten?

Der Schrecken vor einer vermeintlichen „Abwesenheit Gottes“, die Unbegreiflichkeit seines Schweigens, die wir heute qualvoll erleben, lassen uns nur fühlen, was wir immer schon gewußt, aber vielleicht nicht ernst genug genommen haben, daß nämlich Gott unsäglich erhaben ist über alles, was außer ihm besteht und außer ihm gedacht werden kann. Auf diese Frage kann ich am Anfang noch keine Antwort wagen. Sie wird im Laufe dieser Überlegungen – so hoffe ich – eine allmähliche Klärung finden. Anderseits gehört aber auch zu unserer Gebetssituation: Trotz des bedrückenden Schweigens Gottes ist der Christ auf das Gebet angewiesen. Mag das christliche Leben noch so offen sein für Kirche und Welt, mag es noch so viel Gutes verrichten, zahllose Not lindern, mag seine irdische Hingabe noch so selbstlos sein, ist es aber nicht offen auf Gott hin, so fehlt in ihm etwas Entscheidendes. Auch wenn der Christ noch so sehr „bei der Sache“ ist und wenn auch die Fenster seiner Existenz nach allen Seiten hin offen sind, kommen seine Taten nirgends zum Leuchten, nehmen keine Konturen und Konstanz an, können ihre Schönheit und Leuchtkraft nicht so recht sichtbar machen. Dies alles kann nur das „Licht von oben“ seinen Handlungen verleihen, die Hingabe an eine überirdische Macht und Herrlichkeit. Es fehlt daran, daß der Christ bei seiner ganzen Bemühung, wie weit und breit sie auch angelegt sei, im Grunde nur bei sich ist, daß sie in einem Raum geschieht, der leider gerade nach oben verschlossen ist, von woher er kein Licht empfängt, und nach dorthin keinen Ausblick gewährt. Man weiß nicht recht, von wem er Zeugnis ablegen will, wem er sich im letzten Grunde seiner Existenz zuwendet.

Nachdem auf diese zwei Grunderfahrungen – das Schweigen Gottes und die Angewiesenheit des Christen auf das Gebet – kurz hingedeutet wurde, möchte ich mich nun der eigentlichen Frage zuwenden: Was ist jenes Gebet, auf das Gott meist nur mit Schweigen antwortet und worauf der Christ dennoch angewiesen ist? Hier möchte ich nur zehn „Voraussetzungen“ des christlichen Betens nennen:

Die Verwunderung

Zur „Verwunderung“ kommt es da, wo jemand auf eine Erscheinung stößt, die bei ihm bis dahin nicht „vorgekommen“ ist, die ihm ungewohnt, befremdlich und neu bleibt, nach deren Sinn und Herkunft er nur fragen kann. Die Verwunderung gegenüber dem Christlichen ist aber kein vorläufiges Ereignis. Aus der Verwunderung wird die christliche Existenz nie entlassen, ja sie wächst sogar in dem Maße, in dem der Christ seiner christlichen Wirklichkeit inne wird. Wollte der Christ sich dessen schämen, da er seine eigene Existenz nirgends unterzubringen vermag, so müßte er aufhören, ein Christ zu sein. Die Wunder in der Bibel sind gesetzt als „Zeichen“, als „Alarmsignale“: Was uns da entgegenkommt, ist nicht Verlängerung dessen, was vorher geschah, sondern ein prinzipiell neues Geschehen. Genau solche „Alarmiertheit“ sollte der Christ gegenüber seiner eigenen Existenz empfinden. Wunder sind zugleich aber auch tröstliche und hilfreiche Ereignisse: Immer geht es um radikal rettende Veränderungen des den Menschen bedrohenden Weltverlaufs. Wunder sind immer auch Verheißungen und Anzeichen einer erlösten Welt, in welcher Leid, Tränen und Tod nicht mehr sein werden. Eigentlich entscheidend neu, das Wunder aller Wunder, ist Christus selbst, mit dem der Christ stets neu und fordernd konfrontiert wird. Nicht erkannt, ein anderer, ein Fremdling wird jener Mensch, der gewürdigt wird, sich angesichts Christi wundern zu müssen und zu dürfen. Wie sollte ihm seine Existenz in diesem Müssen und Dürfen je geläufig und übersichtlich werden? Ein Christ zu sein ist demnach immer wieder etwas Atemberaubend-Neues, etwas, wovor sich der Mensch staunend verbeugen sollte.

Die Betroffenheit

Beim bloßen Ver- und Bewundern kann aber die christliche Existenz auf keinen Fall bleiben. Indem Gott in der eben beschriebenen Weise Verwunderung erregt und somit den Christen zu einem verwunderten Menschen macht, fordert er den Menschen zugleich ein, macht ihn zu einem von Gott Betroffenen. In der Verwunderung hat sich der Christ auf Gott „eingelassen". Gott überfiel ihn, betraf und verhaftete ihn. Es gibt keine Rückkehr mehr. Ich, als dieser Mensch, mit diesem Charakter, mit diesen Eigenschaften, mit meinem oft so störrischen und ängstlichen Herzen, in meiner geschichtlichen Situation bin von diesem Gott persönlich eingefordert. Christliche Existenz ist zunächst das eigene, ganz persönliche Dasein des einzelnen Christen. Es geht um seine Berufung, um seine Erwählung und Heiligung, um seine Freude und um sein Leid, es geht um die einmalige Gelegenheit seines kurzen Lebens und seines Sterbens. Das Christsein geht nun einmal den ganzen Menschen und also auch das privateste Privatleben an. Die Betroffenheit verpflichtet den Christen nicht nur in seinem Privatleben, sondern darüber hinaus in der Christenheit. Alles, was in diesem von Gott berufenen Gemeinschaftsleben geschieht, wird unerbittlich seine eigene Sache. Ihn trifft das Gericht, das über die Gemeinde der Christen, über die Kirche von Gott her ergeht, ihn erhebt auch die Verheißung, die dieser Gemeinde gegeben ist. Alles, was im Leben des Volkes Gottes geschieht und nicht geschieht, so oder so, gut oder schlecht geschieht, geht ihn, den Christen, unmittelbar an, wird unerbittlich seine Sache. Und schließlich, darüber hinaus noch: Die ganze Welt in ihrer heutigen Geschichte, ist eine Gnadenzeit unseres Gottes. Wenn alle anderen am Schicksal der heutigen

Menschheit – dieser Menschheit, die heute existiert: Europäer und Afrikaner, Amerikaner und Asiaten, verkrampfte Kommunisten und vielleicht noch verkrampftere Antikommunisten, Gottgläubige und Ungläubige – vorübergehen könnten, der Christ darf es nicht tun, dem es zugefallen ist, sich Gott ganzheitlich stellen zu müssen und zu dürfen. Und dieser Gott sagt ja zum ganzen Menschengeschlecht. Der Christ existiert in der heutigen Welt, wird durch sie zur Rede gestellt, ins Herz gestochen. „Als sie (das Volk) dies hörten, traf es sie mitten ins Herz, und sie sagten zu Petrus und den übrigen Aposteln: ‚Was sollen wir tun, Brüder?'" (Apg 2,37).

Die Verpflichtung

Aus der „Verwunderung" und der „Betroffenheit" erwachsende innere Haltung des Christen erschafft eine Existenzsphäre der „Herausforderung". Es ist eine schöne und helle Sache, aber auch eine strenge und geradezu erschreckende Verpflichtung, von Gott derart in Pflicht genommen zu sein. Schon bei der „Verwunderung" wurde angedeutet, daß sie den ganzen Menschen total ergreift. Auch die „Betroffenheit" ergreift sein ganzes Dasein. Freilich gibt es in der Offenbarung auch „periphere" Wahrheiten, die für einen Christen keine derartige Verpflichtung bedeuten, obwohl sie auch nicht ohne ihre spezifische Würde sind. Was aber einen Christen „unbedingt angeht", ist die „Fülle Gottes" und seine Forderung. Auf die „Mitte des Glaubens" hin sollte der Christ seine Existenz sammeln und von dort aus alles beurteilen. Es ist ihm also einerseits nicht erlaubt, auch nur einen Punkt der „Peripherie" zu übersehen. Anderseits ist ihm aber auch nicht gestattet, von sich aus eine „zweite Mitte" zu konstruieren, seine Sehnsucht nach Frömmigkeit auf die Details zu richten. Einzig Christus ist die sammelnde Mitte unseres Glaubens, und wer mit ihm nicht sammelt, der zerstreut. Beides in einem Menschenleben zu verwirklichen, alles noch so Scheinbar-Nebensächliche hochzuhalten, dabei aber letztlich nur der einen Mitte, Christus, verpflichtet zu sein, heißt Christ sein, im grundsätzlichsten und frommsten Sinne des Ausdrucks. Alles andere ist höchstens (vielleicht gutgemeinte) Frömmelei, hat aber mit dem Kern des Christendaseins nichts zu tun. In dieser ruhigen Ausgewogenheit, die nur aus dem ehrlich gelebten und oft auch durchlittenen Glauben kommt, kann und darf, ja muß der Christ ein fröhlicher Mensch sein. Im hintergründigen Sinn des Wortes ist er „vergnügt“: Er hat sein Genügen gefunden. Er weiß, worum es im Letzten geht. Es gibt für ihn ein „Gefälle“ des Glaubens und der Lebensbewältigung. Er weiß sich in Gottes Huld und Erbarmen geborgen, von Gott auserwählt zum ewigen Lob im unendlichen Glück. Damit und darin ist er – nicht immer an der Oberfläche, aber immer im tiefsten Innern – ein vergnügter und so auch in der Welt Vergnügen verbreitender Mensch.

Die Einsamkeit

In der Welt lebt der Christ – und zwar nicht nur rein „situationsbedingt“, sondern wesenhaft – als ein Isolierter. Diese Isolierung will ausgehalten und ertragen sein, und es ist nicht immer leicht, sie in Würde und Heiterkeit zu ertragen. Christsein ist zwar keine menschenfeindliche, aber eine in ihrem Kern kritische, ja revolutionäre Angelegenheit. Wer sich auf sein Christsein einläßt, muß damit rechnen, daß er sich innerhalb einer Minorität befindet. Diese Einsamkeit kann – soll aus ihr keine Verzagtheit oder gar Ironie erwachsen – nur in größer Friedlichkeit ausgehalten werden. Es ist wahrscheinlich, daß ein Christ – gerade indem er vom Kern seines Christseins lebt – kaum je populär werden kann (bei den sogenannten „Weltkindern“ und auch unter den „Frommen“ nicht). Wer sich mit seinem Christsein einläßt, muß, wenn er das ernstlich tut, die Einsamkeit in verstehender Ruhe aushalten. Paulus, der eigentliche Verkünder des christlichen Daseins, hat eingehend darauf hingewiesen. Im zweiten Kapitel seines ersten Korintherbriefes erörtert er, was es bedeutet, „Christi Sinn“ in sich zu tragen, den Geist Gottes empfangen zu haben. Dieser „geistliche Mensch“, der Christ, ist ein Geheimnis. Die Welt versteht ihn nicht. Er aber versteht die Welt. Damit ist nicht gemeint, daß er begabter, klüger, charakterlich unabhängiger wäre. Nein, er vermag die Welt zu beurteilen, weil er in der Freiheit Christi wurzelt. Dadurch hat er von der Welt einen Abstand, den in der Welt selbst niemand gewinnen kann, auch der Höchstbegabte nicht. Gerade in dieser seiner Verwurzelung in Christus ist und bleibt er ein Einsamer.

Der Zweifel

Diese fünfte Bedingung christlichen Betens ist deshalb bedrohlich, weil sie diesem nicht von außen zustößt, sondern im eigenen Vollzug Ereignis zu werden pflegt. Es sollte kein Christ, ob jung oder alt, gläubig oder weniger gläubig, geprüft oder noch ungeprüft, daran zweifeln, daß er aus irgendeinem Grund und in irgendeiner Art ein Zweifler ist, und zwar einer, der mit seinem Zweifel keineswegs fertig ist, oder fertig wird. Er könnte ebensogut bezweifeln, daß er ein armer, bestenfalls ein aus dem Feuer geretteter Sünder ist. Der Christ sollte aber angesichts seines Zweifels, auch wenn es der radikalste wäre, nicht verzweifeln. Er soll das vor allem deshalb nicht tun, weil sein Zweifel in der gegenwärtigen Heilssituation wesenhaft zum Glauben gehört, und zwar als Bedingung der Möglichkeit des Glaubens selbst. Sein Gebet kann immer nur das demütige: „Ich glaube, hilf meinem Unglauben“ (Mk 9,24) sein. Echter Glaube kann nur als überwundener Zweifel bestehen. Deshalb darf ein Christ vor seinen Glaubenszweifeln nicht erschrecken, sie vor allem nicht als „Atheismus“ oder „Versuchung“ deuten. Sie gehören wesenhaft in den Reifungsprozeß christlicher Existenz.

Die Versuchung

Jede christliche Existenz wird ständig daraufhin geprüft, ob sie aus Gold, Silber und Edelgestein oder mit Holz, Heu und Stroh gebaut ist (1 Kor 3,12). Das Schlimmste könnte in der christlichen Existenz darin bestehen, daß sie gar nicht bemerkt oder immer wieder vergißt, daß sie ein im gefährlichsten Sinn bedrohtes Unternehmen ist. Karl Barth hat einmal die berühmte Stelle im Buch Amos (5. Kap.) folgendermaßen für die Theologen variiert: „Ich hasse, ich verschmähe eure Vorlesungen und Seminare, eure Predigten, Vorträge und Bibelarbeiten und mag nicht riechen eure Gespräche, Tagungen und Freizeiten. Denn wenn ihr da eure hermeneutischen, dogmatischen, ethischen und pastoralen Weisheiten voreinander und vor mir ausbreitet – an diesen Opfern habe ich kein Gefallen, und das Opfer dieser Mastkälber sehe ich nicht an. Hinweg von mir das Geplärre, das ihr Alten mit euren dicken Büchern und ihr Jungen schon mit euren Dissertationen veranstaltet. Und das Spiel der Rezensionen, das ihr in euren theologischen Zeitschriften, Rundschauen und Umschauen, in euren Kirchen- und Literaturzeitungen treibt, mag ich nicht hören."

Diese Variation gilt aber auch für die gesamte christliche Existenz, mit entsprechenden Abwandlungen. Am schrecklichsten wäre, wenn der Christ munter weiter und weitermachen und nicht einmal bedenken würde, ja nicht einmal zu ahnen schiene, daß seine eigene Existenz samt und sonders von Gott in Frage gestellt und gefährdet ist. Der Christ kann Gott nur für sich haben, indem er ihn auf der ganzen Linie auch gegen sich hat. Vielleicht die schwerste Versuchung des christlichen Daseins ist auf der Ebene des zweiten und dritten Gebotes zu suchen. Offenbar geht es nicht ohne Bilderdienst und nicht ohne Entheiligung des Namen Gottes. Wo und wann wäre der Christ frei von dem himmelstürmenden Versuch, seine Begriffe, Bilder, Sprachformen und Konstruktionen auf den Thron Gottes zu erheben und diese anzubeten. Notwendig bricht dann in solchen Verwechslungen das ganze Mißverhältnis zwischen dem lebendigen Gott und dem auf, was die Christen über Gott glauben aussprechen zu dürfen. Indem Gott dieses Mißverhältnis nicht dulden will, kann er nur gegen den Christen in seinem vermeintlichen Christsein sein. Eine weitere, sehr sublime Versuchung, die gerade die größten Christen zu befallen scheint: die Verführung. Ist es nicht erschütternd, zu sehen, wie selbst die größten und anerkanntesten Theologen, auch ein Athanasius, Augustinus, ein Thomas, Luther, Zwingli und Calvin, neben ihren positiven Auswirkungen auch wahre Unheilspuren hinterlassen haben? Das ist eine Bedrohung, unter der das Christsein immer und überall steht. Es gibt keinen Christen, der anders als von der Barmherzigkeit Gottes leben könnte.

Die Hoffnung

Ich möchte nun die vorangehenden Worte nicht abschwächen und von ihnen nichts zurücknehmen. Ganz im Gegenteil! Ich wiederhole sie, indem ich behaupte: Die Grundlage betender Existenz ist das „Dennoch" der Hoffnung. Christliches Sein erschafft sich überall auf eine Zukunft hin, die schlicht und einfach

„Himmel“ heißt. Was der Christ an Einsamkeit, Zweifel und Versuchung auszuhalten und zu ertragen hat, das wird er unter dem Vorzeichen der Hoffnung nicht nur „ein bißchen tapfer“, sondern in der Freudigkeit des Heiligen Geistes auszuhalten und zu ertragen wissen, in einer Haltung, die jene vordergründige Schale endlich und zuletzt sprengen wird. In der mittelalterlichen Theologie waren „alacritas“, „hilaritas“, ja „laetitia spiritualis“ (Frohsinn, Glück und geistige Freude) Wesensbestimmungen christlicher Existenz. Doch muß sich der Christ immer dessen bewußt sein, daß seine innere Freude das Geheimnis der auf Golgotha vollzogenen Gnade Gottes, die Errettung des Menschen vor der Ungnade ist: die neue Schöpfung eines befreiten, der Treue Gottes in gleicher Treue entsprechenden, im Frieden mit Gott und zu seiner Ehre lebenden Menschen. So, aber nur so, darf der Christ, im Blick auf Christus, auch sein Haupt erheben. „Sind wir mit Christus gestorben, so vertrauen wir, daß wir auch mit ihm leben werden“ (Röm 6,8). In Christus und über ihn vollzog sich das Gericht, indem er die Not der Einsamkeit, des Zweifels und der Versuchung überwand. Diese drei sind über keinen vor ihm und nach ihm derart radikal hereingebrochen. Und er hat all das in Gnade umgewandelt, die immer Verheißung ist, Offenbarung der Hoffnung.

Das Schweigen in der Stille

Irgendwie gebunden sind wir alle. Keiner von uns ist ganz beweglich und ganz biegsam in den Händen Gottes. Darum sollen wir alle zu ihm flehen: Herr, gehe nicht vorüber, bis ich aufgemerkt habe auf dein Kommen! Herr, höre nicht auf, zu pochen an meiner Türe, zu schlagen und zu stoßen wider mich, bis ich dir aufgemacht habe. Das ist die Stille der bereitwilligen Menschen. Ihr ganzes Wesen ist ein einziges Ja zu Gott. Die fruchtbarsten und hinreißendsten Menschen sind immer auch die Stillsten, jene, die gelernt haben, auf Gott zu horchen.

In das Innerste der christlichen Existenz gelangt man nicht, wenn man redet, sondern nur, wenn man schweigt. Wenn man sich sammelt, der innere Raum sich öffnet und darin die heilige Gegenwart Gottes sich kundtut. Dieses Stillsein muß man lernen. Wir müssen uns gegen das endlose Gerede und Gedröhn wehren, das durch die Welt geht. Der äußere Lärm bildet aber nur die eine Hälfte, und vielleicht nicht einmal jene, die am schwersten zu durchstoßen ist. Die andere ist die innere Unruhe: das Getriebe der Gedanken, das Herumfahren des Begehrens, die Ängste des Gemütes, die Wand der Stumpfheit. So sieht es in unserem Innern aus, wie der von Geröll zugeschüttete Brunnen. Zu einem recht gefügten Leben gehört auch die Übung, schweigen zu lernen. Sie fängt damit an, daß man wirklich den Mund hält, wo immer das Vertrauen eines andern, die Pflicht des Berufes, die Achtung vor fremden Leben es erfordert. Das sollte für einen Christen selbstverständlich sein. Das ist aber nur der Anfang. Wir müßten uns auch daran gewöhnen, daß wir schweigen, auch wenn wir reden dürfen, daß man sich überhaupt bemüht, die Redesucht, das Existieren im Gerede zu überwinden. Wieviel Überflüssiges sagen wir im Laufe eines Tages; und wieviel Törichtes. Wir müssen lernen, daß das Schweigen schön, daß es keine Leere, sondern echtes und volles Leben ist. Auch dies ist noch nicht alles: Das äußere Schweigen genügt noch nicht. Wir müssen die innere Stille erlernen, das ruhige Verweilen bei einer ernsten Frage, einer wichtigen Aufgabe, dem Gedanken an einen Menschen, an dem uns liegt. Dabei werden wir eine große Erfahrung machen, daß es nämlich die innere Welt des Menschen gibt und daß es darin immer tiefer hineingeht. Schließlich die Stille vor Gott. Vor ihm dem Übergroßen, den jede Fähigkeit des Denkens und Fühlens Übersteigenden, versagen alle Bilder, die etwas Erregtes und Lautes an sich haben.

„Der Herr ist in seinem heiligen Tempel. Vor ihm schweige die ganze Erde" – ermahnt uns der Prophet Habakuk (Ha 2,20). „Stille vor Jahwe, dem Herrn! Denn nahe ist der Tag Jahwes" (So 1,7). „Schweigend horcht auf mich! Die Völker mögen ihre Kräfte sammeln" (Is 41,1). „Still, alles Fleisch, vor Jahwe, denn er bricht auf aus seiner heiligen Wohnung" (Za 2,17). So kündeten die Propheten die Ankunft des Erlösers voraus. Und als er, unser Herr Christus, erschien, geschah es „mitten in der Nacht" in großer Stille und bei der Anbetung von Hirten und Königen. Die verheißene Ewigkeit soll auch erfüllt werden von einer ewigen Ruhe (s. He 3,7 – 4,11), die wir freilich nicht als „Untätigkeit" mißdeuten sollten, sondern, sie in ihrem Wesenskern begreifend, als „Besitz der Fülle und Auskosten in der Stille". Über die Stille als besonderen „Akt" des Gebetes wäre noch einiges, sogar Wichtiges zu sagen. Hier ging es nur um die Grundstimmung oder innere Einstellung, die jedes ausdrückliche Beten erst ermöglicht.

Menschlichkeit

Der Ausdruck „Menschensohn“ ist wohl eines der schwierigsten Themen der Jesusforschung. Es gibt zahlreiche, teils einander widersprechende Erklärungsversuche. Als gesichert darf indes gelten, daß Jesus unmißverständlich wissen ließ, daß er und kein anderer als er selbst „der Mensch“ ist und daß er machtvoll zum Gericht erscheinen wird. Selbst diese – sehr einschränkende – Deutung genügt uns aber, um ein Bild des *„verborgenen Jesus“* zu entwerfen.

Vielleicht ist das Erschütterndste an Jesus für uns gerade dies: *Er war ein Verborgener.* Er strebte danach, namenlos zu sein. In seinem Leben brach die „Einsamkeit der Fülle“ auf. Wer wie Jesus in der Einheit des Lebens existieren will, muß lange allein bleiben, um sich auf das Wesen des Daseins hin sammeln zu können. Einsam in der Reifung, einsam bei der Versuchung in der Wüste, einsam bei den größten Taten seines Lebens. Jesu Dasein kam aus einer Unbekanntheit, wie ein Stern, der plötzlich unser Firmament durchquert und den nur jene bemerken, die gerade zufällig hingeschaut haben.

Um ihn herum sehen wir Menschen, die ihn *nicht verstehen.* Man führt gegen ihn Verbotslisten, Gesetze, Bräuche und Überlieferungen auf. Selbst seine Mutter fragte ihn: „Kind, warum hast du uns das angetan?“ (Lk 2,48). Alle warfen ihm – vielleicht nur stillschweigend – auf irgendeine Weise vor: „Warum bist du so anders?“ Zöllner und Sünder fanden bei ihm willige Aufnahme. Er sagte innerlich zu allen: „Ich verurteile dich nicht.“ Er verteidigte die Sünder vor den sogenannten Gerechten, nahm die Kinder vor den Erwachsenen in Schutz. Er nahm die Not der Menschen immer wahr: die Not einer armen Witwe, der er ihren einzigen Sohn zurückschenkte, die Not einer armen, kranken Frau, die nur den Saum seines Kleides zu berühren wagte, die Not eines Freundes, der ihn verleugnete und dem er mit einem einzigen Blick Reue und Verzeihung schenkte.

Jesus verwirklichte die Gesamtexistenz des Menschen, also auch das *Normale und Gewöhnliche*, das Ermüdende, das sich stets Wiederholende und Unauffällige. Er nahm die Kraftlosigkeit, ja die Versuchung auf sich. Er ging in die Beengung alles Menschlichen hinein, außer der Sünde. Er war ein Freund der Bedrückten. Er lieferte sich der Not des Menschseins aus. Jesus richtete seine innere Wahrheit in einer Welt der Unwahrhaftigkeit auf, in einer Welt der Gleichgültigkeit. Es ist unmöglich, daß er in einer solchen Welt irgendeine Chance gehabt hätte, außer der Kreuzigung.

Eines müssen wir dabei besonders bedenken. In seinem zusammenbrechenden Leben hat Jesus *allen verziehen.* Er fand Worte, die allen Vergebung brachten. Sein Gebet war: „*Vater*, verzeih ihnen, denn sie wissen nicht, was sie tun!“ Einem verlassenen Menschen hat er noch eine letzte Hoffnung gegeben: „Heute noch wirst du mit mir im Paradiese sein.“ Für ihn zählte immer die innere Gesinnung und nicht, ob der Mensch ein Leben lang „anständig“ und „wohlgesittet“ gewesen ist. In der Zeitspanne einer Nacht wurde Jesus von einem Freund verraten, von den Jüngern verlassen und verleugnet, von Menschen geschlagen, in den Kerker geworfen, verspottet und verurteilt. Dennoch nannte er Judas von Karioth bis zum Ende „Freund“. Keiner der Apostel und sicherlich niemand von uns hat Grund, sich über Judas zu erheben.

Ich möchte hier noch kurz über die Ölbergsagonie Jesu sprechen. Jesus ist da sehr schwach gewesen. Nur drei Freunde durften dieses Leid aus der Nähe miterleben, jene, die vordem seine glorreiche Verklärung auf dem Berge Tabor auch mitansehen durften. Diesen Menschen legte Jesus eine furchtbare Last auf, unter der sie zusammenbrachen: „Ihr alle werdet heute nacht an mir zu Fall kommen.“ Matthäus berichtet: „Da kam eine Betrübnis und eine Bangigkeit über ihn.“ Markus spricht noch eindringlicher: „Er geriet in eine Ekstase des Entsetzens und des Grauens.“ Lukas sagt, daß Jesus „in die Angst wie hineingeboren“ wurde. Dreimal sprach er zu seinem Vater und sagte immer dasselbe, daß er „nicht mehr möge“. Mit fremden Augen starrte er auf die Gestalt des Engels, der ihn trösten wollte. Am Ende brachte er nur noch in einem Nebensatz ein Ja fertig, einem furchtbaren Nein zugefügt: „Mein Vater, laß diesen Kelch an mir vorübergehen, doch nicht, wie ich will, sondern, wie du willst.“

Schließlich konnte er es nicht mehr ertragen und schrie: „Jetzt ist es genug!"

Derart zusammengesetzt ist jener Grund christlicher Existenz, dem das Gebet entspringt. Unser christliches Beten ist getragen von Verwunderung und Betroffenheit. Es bringt Verpflichtung und Einsamkeit mit sich. Es muß bestanden werden in Zweifel und Versuchung. In ihm ereignet sich christliche Innerlichkeit und vollendet sich Menschlichkeit. Doch schimmern in ihm Hoffnung und Stille durch. Nochmals möchte ich betonen: Die genannten „Bedingungen der Möglichkeit" christlichen Betens sind zwar in jeglichem Gebet, das christlich vollzogen wird, „vorhanden", doch wird wohl im ausdrücklichen Beten einmal die eine, ein anderes Mal die andere Grundvoraussetzung hervortreten, sich mehr dem Bewußtsein aufdrängen.

Vielleicht haben wir eines richtig verstanden: Wie sehr das Gefüge unserer Existenz vom Geheimnis durchflutet und umfangen ist. Nicht vom Dunkel, sondern von einem Licht, dessen Strahlkraft unser Auge blind macht und unsere Rede stumm. In diesem Sinne könnten sich für unsere betende Betrachtung zwei Sentenzen von Thomas von Aquin näher erschließen, die ich als Abschluß nicht eigens erörtern, sondern nur zum stillen Nachsinnen hinzufügen möchte: „Die höchste Stufe der gesamten Schöpfung ist die menschliche Seele. Zu ihr hin strebt die Materie wie in ihre Form. Der Mensch ist das Ziel der gesamten Schöpfung" Und: „Gott wird durch Schweigen geehrt. Nicht weil wir von ihm nichts zu sagen oder zu erkennen vermöchten, sondern weil wir wissen, daß wir unvermögend sind, ihn zu begreifen."

Fest der Hoffnung

Die Auferstehung Christi ist das Fest der Befreiung. Sie ist gleichsam das „Familienfest“ aller Hoffenden, all jener, die von einem besseren Leben träumen, die sich nicht zufrieden geben können mit dem bereits Erreichten, mit dem schon verwirklichten Zustand der Welt. In diesem Sinne erfährt ein jeder Mensch getauft oder nicht, in seinem ganzen Wesen Ostern, Auferstehung. Zur restlosen Aufgebrochenheit seiner Existenz hat Christus in seiner Auferstehung ja gesagt. Im auferstandenen Christus wurde sichtbar, was der Mensch in seinem eigentlichen Wesen ist. Im Osterereignis unterscheide ich vier Aspekte, die jedoch nur die vier Seiten ein und derselben Wirklichkeit ausmachen: Christus hat das All erlöst – Er ist vom Tode auferstanden! – Mit ihm werden wir auferstehen! – Wir gehen dem Himmel entgegen!

Christus hat das All erlöst

Vor dem Tode Christi gab es keinen Himmel. Der Hebräerbrief sagt: „Der Weg zum Allerheiligsten war noch nicht frei.“ In der Auferstehung Christi wurde die Welt wieder zum „Bereich Gottes“. Christi Wirklichkeit durchdrang die ganze Welt. Somit leuchtete zunächst jenen das Licht auf, die bis dahin in der „Gefangenschaft der Welt“ leben mußten. Mit dem Tod tritt der Mensch aus seiner Raum- und Zeitgebundenheit hinaus. Er geht in jenen Wesensbereich der Welt ein, woher die gesamte Natur erwächst, in das Herz des Universums. In die Sphäre der Weltwirklichkeit sind die Menschen der vorchristlichen Zeit hineingestorben. Mit jedem Menschen der durch den Tod in den Weltgrund hineinging, steigerte sich die Sehnsucht der Welt, bis sie zu einem einzigen Schrei nach Erlösung wurde, bis die Schöpfung – wie der Römerbrief sagt – „in Seufzen und Wehen“ lag. Als Christus dann in seinem Tod in die geamte Weltwirklichkeit einging, haben ihn alle Menschen der vorchristlichen Zeit in einem einzigen Augenblick erkannt. Milliarden von Menschen wurden in einem Augenblick der endgültigen Entscheidung ihres Lebens gegenübergestellt. Es erfolgte ein unbeschreibbarer Aufbruch der Welt zu Gott.

Um alle Menschen erlösen zu können, mußte Christus selber sterben, in den Weltengrund eingehen, damit er allen Wesen, die in die Welt hineingestorben sind, gegenwärtig werde. In diesem Moment erreichte die Bewegung von Jahrmilliarden ihr Ziel. Die Welt ist nicht mehr dieselbe wie zuvor. Sie ist heilig geworden. Dies ist der eigentliche, oft mißverstandene Sinn des Glaubenssatzes: Er ist hinabgestiegen in die Hölle – in die Unterwelt, ins Herz der Erde. Christus wurde damit zum Zentrum der Welt und zur innersten Mitte aller Regungen des Menschenherzens.

Christus ist auferstanden

Wenn wir die Berichte der Evangelien aufmerksam durchlesen, so entsteht zunächst ein verwirrender Eindruck. Die Schranken des Raumes und der Zeit bestehen für Christus nicht mehr. Er erscheint unvermittelt. Er geht plötzlich neben den Jüngern einher. Er entschwindet. Er dringt in geschlossene Räume ein. Eine neue Seinsweise ist entstanden. Christus hat seinen irdischen Leib endgültig mit sich genommen. Er hat seinen armen, geschundenen Menschenleib nicht aufgegeben, sondern hineingenommen in das Leben der heiligen Dreifaltigkeit.

Mit ihm werden wir auferstehen

Nun können wir endlich die zentrale Frage stellen: Was ist der auferstandene Mensch? Aus der Offenbarung weiß ich nur, daß er der vollkommene Ausdruck der Gottvereinigung sein wird. Von diesem Ansatzpunkt her kann ich wenigstens sagen, was der auferstandene Mensch nicht sein wird.

Er wird (erstens) kein Leid erfahren. Die Offenbarung drückt dies eindringlich aus: Die Erwählten werden getröstet, bis in das Letzte ihres Wesens. Gott wird das Menschenwesen ganzheitlich durchdringen, und dadurch wird die menschliche Existenz zu ihrer Reinheit erblühen. So entsteht glühendes, ein in Gott hineingewachsenes, allen Zufälligkeiten enthobenes Dasein.

Der auferstandene Mensch wird (zweitens) nicht mehr „gottfremd“ sein. Er wird Gott hören, schmecken und berühren. Der Mensch wird Gott ganzheitlich gegenwärtig sein. Was bedeutet das? Es besagt – da Gott überall anwesend ist –, daß auch der Mensch schrankenlos wird.

Dies führt uns zur dritten Wesensbestimmung des auferstandenen Menschen: Er wird keine Beengung mehr erfahren. Das Geistige wird in das Sinnliche und das Sinnliche ins Geistige hineingleiten. Das Sehen wird zum unmittelbaren Wissen, das Berühren zum Erkennen, das Hören zum Verstehen. Die Existenz des Menschen wird also im Zustand der Auferstehung ganz durchgeistigt. Dieses Geistige wird aber zugleich jenes Süße und Beglückende enthalten, das die Erdhaftigkeit unserer Sinne bedeutet. In einer Welt, die einer solchen Herrlichkeit entgegengeht, gibt es keinen Grund für Kleinmut.

Wer an die Auferstehung Christi glaubt, muß täglich neu werden, muß die Gewohnheiten, die eingefahrenen Gedankenverbindungen und vor allem die Unehrlichkeit seines Lebens überwinden. Erst so leuchtet das Neue und Zukunftsverheißende in ihm auf. Die Auferstehung ist nicht das private Schicksal Jesu Christi, sondern die Zukunft der Menschen und die Zukunft der Welt. Je stiller, geduldiger und gütiger ein Christ wird, desto näher kommt diese Zukunft heran.

Wir gehen dem Himmel entgegen

In der Auferstehung Christi hat sich der Himmel für alle Menschen aufgetan. Somit ist die Wesenstat des christlichen Lebens das Zeugnis von Freude und Zuversicht. Himmel ist – und dies müssen wir Christen heute ernsthaft bedenken – nicht eine blutleere, abgemagerte Ideenwelt. Er ist das Seinshafte aller Seienden, die Schönheit des Schönen, die Lebendigkeit des Lebenden, die Fülle der Eigentlichkeit.

Den Himmel glaubend zu erfahren, ihn als die wirklichste Wirklichkeit für unsere Freunde darzuleben, das ist christliches Lebenszeugnis. Der Himmel ist schon nahe. So ist die Osterbotschaft das Menschlichste von allem, was das Christentum den Menschen je gesagt hat.

Gott – unsere Zukunft

Für das christliche Glaubensverständnis ist die Auferstehung Christi das zentrale Ereignis der Geschichte. Etwas völlig Neues und Unüberholbares hat sich am Ostermorgen ereignet: Alles Streben der Welt und alle Träume der Menschheit haben ihre restlose Erfüllung gefunden. Was dies bedeutet, können wir nur aufzeigen, wenn und indem wir unseren Blick auf die vergangene Geschichte der Schöpfung richten. Den Grundgedanken unserer Betrachtung hat Paulus in seinem zweiten Korintherbrief ausgesprochen: „Mit ihm ist das Ja verwirklicht worden. Alle Verheißungen Gottes haben in ihm ihr Ja gefunden. Durch ihn ist das Amen da."

Was sind diese „Verheißungen Gottes"? Wo haben sie sich geoffenbart? Wie haben sie im menschlichen Bewußtsein Gestalt angenommen? Wenn wir diesen Fragen nachgehen, sie wenigstens versuchsweise zu beantworten suchen, zeigt es sich, daß die Auferstehung kein vom Werden der Welt und der Menschheit isoliertes Ereignis darstellt. Sie ist vielmehr die gnadenhafte Überhöhung einer Gesetzlichkeit, die von Anfang an in allen Bereichen des Weltseins wirksam war. Eine solche Sicht der Auferstehung wird vielleicht vielen als ungewohnt, ja sogar als befremdend erscheinen. Sie vermag zudem den ganzen Inhalt des christlichen Auferstehungsgedankens nicht auszuschöpfen. Dieser ist viel reichhaltiger, als daß er in einer kurzen Betrachtung dargestellt werden könnte. Deshalb beschränken wir uns bewußt auf einen einzigen Aspekt des Geheimnisses. Gedankliche Unzulänglichkeiten und die Möglichkeit des Fehlgreifens sind die Gefahren eines solchen Versuchs.

Jene „Verheißungen Gottes", deren Erfüllung der auferstandene Christus ist, lassen sich bereits am „Ereignis der Schöpfung", welches sich – auf der Ebene der Erfahrung – als ein evolutives Werden zeigt, ablesen. Dieses Werden des Kosmos wird vom Grundgesetz der Neuwerdung – abstrakt ausgedrückt –, dem Gesetz der „Selbstüberbietung", beherrscht. Die Weltentwicklung „arbeitet sich empor" aus einem ursprünglichen Seinsbestand. Sie bringt Milchstraßen, Sonnensysteme, Planeten hervor. Seit ihren allerersten Anfängen strebt sie nach zunehmender Komplizierung der materiellen Systeme. Sie sucht den Weg „nach oben" und erschafft zuerst primitive, dann aber immer zusammengesetztere Formen des Lebens. Trotz vielfachem Suchen, das im einzelnen fast richtungslos erscheinen mag, beschreibt die Entwicklung der Welt, aufs Ganze gesehen, eine aufsteigende Linie. Das Weltall „tastet sich voran" zum Bewußtsein. Die Verfeinerung und die Ausgliederung der Molekülsysteme innerhalb der lebendigen Organismen erlauben endlich das Auftreten einer spezifischen Innerlichkeit: das Leben wird zum bewußten Leben, zum Erleben. Von Schicht zu Schicht entfaltet und verfeinert sich das Organ der Bewußtseinsfähigkeit. Bei den aufeinanderfolgenden Arten des Lebens beobachten wir eine ausgeprägte Neigung zu immer komplizierteren Nervensystemen und somit zu einem immer feineren Gehirn. Einem kosmischen Energiedruck folgend, drängt die Entwicklung in die Richtung der wachsenden Ausgliederung des stofflichen Seins, in die Richtung der höherrangigen Nervensysteme und damit wiederum in die Richtung des Bewußtseins. Die Weltwirklichkeit ist keine statische Größe, sondern eine Einheit des Werdens. Schließlich steht ein Wesen da, die Krönung der evolutiven Schöpfung, das Produkt einer jahrmilliardenlangen Anstrengung der Welt: der Mensch. In der Entwicklung des Weltalls – die wir in dieser Betrachtung leider nicht näher beschreiben können – zeigt sich etwas Bedeutendes: Die Welt wächst über sich selbst hinaus, überholt sich, richtet sich auf. Überall im Kosmos, unbemerkt und quantitativ vielleicht nicht feststellbar, erscheint etwas, das aus dem Vorhergehenden nicht ableitbar ist. Darin zeigt sich die Grundstruktur der Weltentstehung: Hervorbringung eines aus dem vorigen Zustand Unerklärbaren.

Der Mensch selber findet sich jedoch in der Welt nicht fertig vor. Er ist ein Entwurf seines eigenen Seins. Die Selbstentfaltung der Natur setzt sich von nun an in ihm und durch ihn fort: Es ist dem Menschen aufgetragen, sich selbst in seiner Vollgestalt zu erschaffen. Die Weltentwicklung brachte nur jenen Seinsstoff hervor, aus dem der Mensch – durch eigene Anstrengung und Bemühung – sich zur wirklichen „Spitze des Alls" gestalten soll. Der Drang der Entwicklung nimmt im Menschen eine neue Gestalt an. Die Richtung dieses Dranges bleibt – obwohl er sich auf einer qualitativ höheren Ebene auswirkt – die gleiche: die Selbstüberholung. Die sich in uns sammelnde Energie des Alls lebt in unserem Bewußtsein als Träumen, Hoffen, Begehren und Unruhe. Die Verengung der Gesamtevolution erzeugt in der menschlichen Wirklichkeit einen gewaltigen Druck von Ideen, Wünschen und Ahnungen. Kein Mensch kann verhindern, daß seine Existenz auf das Unendliche hin offen ist. Kein Mensch kann dem geheimen Wunsch entkommen, aus der Enge seines eigenen Lebens herauszubrechen. Der Mensch ist erfüllt von der Maßlosigkeit des Anspruchs. Diese Maßlosigkeit macht, daß all seine Erfahrungen offen sind auf das Unsagbare und Unübersehbare. Die Erwartung eines größeren, eines aus unseren eigenen Kräften Unerreichbaren und gerade darin restlos Erfüllenden ist ein Grundzug des menschlichen Daseins. Das Wesen des Menschen ist somit nicht Gewesenheit. Die eigentliche Geburt des Menschen ist immer noch im Gange.

Der Mensch muß – um ehrlich Mensch zu sein – von einer Zukunft her zum echten Menschsein herausgefordert werden. Zum Wesen der menschlichen Existenz gehört ein Verlangen, ja eine Gier nach Größe, eine Sehnsucht, eine Jugendlichkeit des Geistes, eine Bereitschaft, den Rahmen alles Bisherigen zu sprengen, eine Fähigkeit, sich in die Zukunft hineinzuträumen. Somit ist im Menschen immer eine geheime Spannung vorhanden zwischen dem, was er ist, und dem, was er sein möchte; zwischen dem, was er schon verwirklicht hat, und dem, was ihm noch zu leisten bleibt. Um zu sein, muß der Mensch stets neu beginnen. Das Anfangen ist ein immerfort wirksames Element des Menschseins. Dies bedeutet, daß der Mensch sich unaufhörlich neu entschließen muß, als Mensch zu bestehen, das heißt über seine eigenen Grenzen hinauszuwachsen. Wer bereits erfahren hat, wie bitter es ist, auf das eigene Leben zurückzuschauen und sich dabei sagen zu müssen, daß dieses Leben nicht so geworden ist, wie es hätte werden können, wenn man sich nur ein wenig mehr angestrengt hätte, der weiß, wie groß das damit Gemeinte ist.

Ist es aber so, daß der Mensch von sich aus sich selbst vollenden kann, daß er aus eigener Bemühung zur Erfüllung der in ihm angelegten Möglichkeiten heranzureifen vermag? Dies ist leider – oder vielmehr glücklicherweise – nicht der Fall. Damit kommen wir zum Kernpunkt unserer Betrachtung: Das eigentliche Wesen des Menschen ist menschlich unerreichbar; der Mensch kann sich selbst nicht verwirklichen; das Menschsein übersteigt sich selbst unendlich. Dies möchten wir in einer kurzen Analyse von drei Grundfunktionen menschlicher Existenz aufzeigen.

Existenz

Erkennen bedeutet, daß der Geist eine greifbare Wirklichkeit in sich selbst aufnimmt. Durch diese Verinnerlichung verschiedener Einzelgegenstände der Welt beginnt der Mensch sich in der Welt auszukennen. Er entdeckt Gesetze der Natur, Gesetze der sozialen Wirklichkeit und auch jene komplizierten Eigenschaften des personalen Lebens, durch die das menschliche Zusammensein beherrscht wird. Doch ist all das nur vereinzeltes Wissen. Der Mensch versucht immer wieder, diese Erkenntnisbrokken in ein logisch durchgearbeitetes System zu bringen und scheitert dabei weitgehend. Gerade dabei erfährt er, daß er eine Ahnung von etwas Größerem, Umfassenderem hat, von etwas, das keineswegs aus seinen Einzelerkenntnissen zusammengesetzt ist. Zuweilen ereignet sich vor seinen Augen eine wundersame Umwandlung der Welt. In einem Augenblick erlebt er, daß all seine bisherigen Erfahrungen das Eigentliche nicht erfaßt haben, den Grund der Gründe, das Sein der Seienden. Sein Geist wurde immer schon von einem Ganz-Anderen angezogen, von der Fülle des Seins. Dieses Hineinragen des Geistes ins Ganz-Andere ist der Grund und die Ermöglichung aller sonstigen Erkenntnisse. Es wird im Bewußtsein meistens nur negativ erlebt, als Unruhe und als Unzufriedenheit mit dem Bereits-Erreichten, als Antrieb, weitere Räume der Erkenntnis auszukundschaften. Vollenden könnte sich die menschliche Erkenntnis erst, wenn sie sich restlos überholen, die Fülle ihrer „Ahnungen“ im konkreten Nachvollzug verwirklichen würde.

Wollen

Auch das menschliche Wollen ist aufgespalten zwischen der Maßlosigkeit des Anspruchs und der Begrenztheit der Verwirklichung. Mit unerbittlicher Notwendigkeit verlangt der Mensch nach einem Mehr, nach etwas Unerreichtem. Etwas Geheimnishaftes lebt in ihm, das seine Taten immer weiter vorantreibt zu neuen Zielen und Verheißungen. Es ist schwer, diese Spannungen auszuhalten. Deshalb versucht der Mensch nur zu oft, unterwegs innezuhalten, das Vorläufige als endgültig zu nehmen. Er bleibt aber dabei – vielleicht uneingestanden – unglücklich und unerfüllt. Der ehrliche Mensch denkt aber gar nicht daran, wunschlos zu sein. Selbst in seinen banalsten Erfahrungen strebt er ins Uferlose. Und je klarer ein Mensch in das Größere hineinlebt, um so mehr ist er ein Mensch. Jede Erfüllung ist für ihn nur ein Beginn eines weiteren Suchens. Der Geschmack am Glück, die Hoffnung auf eine noch größere Erfüllung gehören zum Lebenselement des Menschen. Alles Erreichte ist schon dadurch, daß es erreicht ist, eine erledigte Sache für ihn. Das Wirklich-Erfüllende steht aber immer aus. Das Eigentlich-Große stellt sich nicht ein. Herrliches, Niegeahntes schon. Aber darüber hinaus bleibt immer ein noch Größeres, noch Herrlicheres, noch Erfüllenderes. Dies bedeutet aber, daß der Mensch sich als Harren, als Unterwegs, als Sehnsucht und als Erneuerung verstehen soll. Der Mensch trägt eine Dynamik auf das Menschlich-Unerreichbare, auf das Absolute in sich. Im Sinnmittelpunkt des menschlichen Wollens steht das Unerreichbare, das dem Menschen nur als gnadenhaftes Geschenk des Absoluten zuteil werden kann. Das Gnadenhaft-Geschenkte ist somit zugleich das Notwendig-Gewollte. Restlose Selbstüberholung, Erfassen des Unfaßbaren, Verwirklichung des Gnadenhaften: das ist die Paradoxie des menschlichen Wollens.

In der menschlichen Liebe gehen zwei Personen eine Seinseinheit ein. Sie sprechen seinshaft aus: wir. Liebe heißt demnach Seinsaustausch. Das Sein des einen wird zur Begründung des andern. Da aber das menschliche Sein unendlich offen ist, kann es vom Endlich-Seienden nie restlos erfüllt werden. Was in der Liebe wirklich gemeint ist, übersteigt jegliche Verwirklichung. Das letzte Ziel der Liebe ist wesenhaft mehr als alles, was von der Liebe in die Tat heimgeholt werden kann. Die Hingabe an ein endlich Seiendes ist bereits ein Überstieg des Begrenzten, eine Suche des Unbedingten und Unendlichen. Eine begrenzte Liebe ist ein Ding der Unmöglichkeit. Der „Gegenstand" der Liebe ist immer nur eine Öffnung auf ein unendlich Mehr. Ein Geschöpf in seiner endlichen Zerbrechlichkeit wird also in der Liebe zum Ziel unseres Strebens ins Unendliche. Wer die Liebe je erfahren hat, der weiß, daß dies die eigentliche Versuchung menschlicher Liebe ist. Kein Mensch ist der ihm zuströmenden Liebe gewachsen. Das Geliebtsein ist eine Forderung, die kein endliches Dasein erfüllen kann. Menschliche Liebe ist menschlich unvollendbar. In ihr ist ein Absolutes mitgemeint, mitangestrebt überall, wo ernst, reif und ehrlich geliebt wird.

Versuchen wir nun, die zwei ersten Punkte unserer Betrachtung ineins zu fassen. Der Weltstoff bekundet seine Vorzugstendenz für das bewußte Leben und übersteigt sich selbst, indem er den Menschen hervorbringt. Der Mensch selbst führt diesen Drang des Universums in seinem Lebensnachvollzug weiter und versucht seinerseits, sich selbst zu überholen in das Absolute hinein. Soll dieser Prozeß der Welt- und Menschwerdung einen Sinn haben, so muß er einmal in einem Menschen münden, der den restlosen Durchbruch ins Ganz-Andere endgültig vollziehen kann. Dieser Mensch muß aber dazu den Abgrund zwischen dem Endlichen und Unendlichen in seinem eigenen Sein überwinden. Im Sinnmittelpunkt aller Strebungen des Alls und aller Sehnsüchte des Menschenherzens steht somit das bedingt gewordene Unbedingte: der menschgewordene Gott. In ihm erreicht die Weltentwicklung ihren absoluten Höhepunkt. Ohne ihn wäre der ganze Drang der Evolution sinnlos, wären unsere Träume von Neuwerdung und unsere Sehnsucht nach endgültiger Erfüllung hohl und nichtig. Die Geburt des Sohnes Gottes ist somit kein unorganischer „Einbruch" des Absoluten in die Welt. Im Gottmenschen erfüllt sich das, wovon unsere Erde immer schon geträumt. Er ist der „Anführer des Lebens". Er sammelt in sich aus der Welt alles, was nach einer Neuwerdung, nach einer restlosen Selbstüberholung strebt, und erfüllt es in seinem Durchbruch in den Bereich der Endgültigkeit. Menschwerdung und Auferstehung des Gottmenschen sind demnach im Grunde die gnadenhafte Vollendung der Grundtendenz aller Schöpfung. Seit den allerersten Anfängen der Welt ist das „Prinzip der Auferstehung" am Werk. Die gesamte Schöpfung und die ganze Geschichte der Menschheit sind ein einziger Raum der Auferstehung.

Drittens: Auferstehung Christi

Wenn wir die Gestalt Christi, wie sie in den Evangelien gezeichnet wird, ohne Voreingenommenheit und vorgefaßte Begriffsschemata betrachten, bemerken wir etwas Erschütterndes, das sich aber nur schwer in Worte fassen läßt: die Restlosigkeit eines irdischen Lebensvollzugs. Um dieses Ursprüngliche bei Christus zu erfassen, muß der heutige Mensch die Gewohnheit abstreifen, in Christus das durch Jahrhunderte hindurch vertraute Bild des „lieben Heilands" – eine süßliche und rührselige Gestalt – zu sehen, bis er fühlt, wie beunruhigend und geheimnisvoll seine Person ist. Wir haben es weitgehend verlernt, über Christus zu staunen. Unsere Kenntnis von ihm ist zum Klischee geworden. Tausendfach hat man uns seine Worte wiederholt. Tausendfach wurden seine Bewegungen und seine Gebärden nacherzählt, so daß wir am Ende sein Wesen nicht mehr leuchten sehen. Wir sind gegenüber wenigen Gestalten der abendländischen Geschichte existentiell so blind geworden wie gegenüber Jesus von Nazareth. Haben wir schon bedacht, was es heißt, daß dieser Mensch restlos menschlich war, daß er das menschliche Leben voll ausgeschöpft hat?

Er ist unter uns erschienen als ein Mensch voll Verständnis und Güte. Als einer, der die Sünder und die Schwachen in Schutz nahm. In ihm ist die Menschenfreundlichkeit in reiner Gestalt aufgeleuchtet. Man spürt in den Evangelien die große Anziehungskraft seiner Person, jene Macht über das Menschenherz, die Petrus und Andreas auf ein einziges Wort hin alles verlassen ließ, die das Volk in die Wüste lockte ohne Verpflegung und Schutz. In den neutestamentlichen Berichten begegnen wir einem Herrn, der aß und schlief, der den Kranken half, der die Kinder segnete, der müde wurde und sich ausruhen mußte, der Mitleid mit den Menschen hatte, derart, daß er zu Tränen gerührt wurde, dem die Menschen nachfolgten, weil sie merkten, daß er sich ihrer Verwahrlostheit erbarmte, der die Mühseligen und Beladenen zu sich rief, der eine grenzenlose Zärtlichkeit in sich trug für alles, was lebt. In seinem Dasein waltete das Ganz-Andere und milderte zugleich seine tödliche Macht zu Armut und Güte. Etwas Unausdenkliches hat sich hier in einem Menschendasein ereignet: die Freundlichkeit zu jedem Geschöpf.

Endlich war jemand unter uns, der restlos menschlich sein konnte; der das geknickte Rohr nicht brach und den glimmenden Docht nicht löschte; der unsere Not immer erkannte: die Not der armen Witwe von Naim, die Not der kranken Frau, die nur den Saum seines Gewandes zu berühren wagte, die Not des Apostels, der ihn verleugnete und dem er mit einem einzigen Blick Reue und Verzeihung geschenkt hat. Er war der Freund, der Aussöhnende, der Ganzmachende, der Einigende. Die Freude waltete um ihn. Er trug eine Jugend in der Seele, eine Frische des Daseins, eine heilige Umwandlungsfähigkeit in sich. Niemand hat er gehaßt, niemand verurteilt, niemals Böses mit Bösem vergolten. So menschlich konnte nur einer sein, der über alles Nur-Menschliche hinausragte. Vorhin haben wir erschaut: Die menschliche Existenz ist menschlich nicht vollendbar, da sie im Absoluten mündet. Demnach kann nur der menschgewordene Gott wirklich menschlich sein.

Von da aus verstehen wir, was die Jünger nach dem Tod Christi erfahren und als Auferstehung bezeichnet haben. Christus hat bereits in seinem irdischen Leben die Kümmerlichkeit menschlicher Existenz überwunden. Deshalb war auch der Tod für ihn nicht ein Abbruch. Im Tode Christi wurde das zur Endgültigkeit, was bereits in der Vorläufigkeit seines Erdenlebens waltete: die Restlosigkeit menschlichen Daseinsvollzugs. Durch die Auferstehung wuchs Christi Gestalt in die Dimensionen des Universums und der gesamten Menschheit. Die Wirklichkeit Christi „überflutete“ die Welt; sie wurde überall gegenwärtig, all-kosmisch. Wenn man die Berichte über die Auferstehung aufmerksam durchliest, bemerkt man diesen Umbruch im Christusverständnis der Jünger: Aus der Restlosigkeit des Irdischen entstand die Endgültigkeit seines ewigen Seins. Christus ist somit zum Zentrum des Alls geworden, zum Allherrscher. Von diesem Christus sagt der Apostel, er sei Geist. Für Paulus bedeutet hier der Ausdruck nicht einen Unterschied zur Leiblichkeit. Er meint das ganze menschliche Dasein Christi, indem es unbedingt geworden ist, in dem es das Absolute restlos „eingeholt" hat. In der Auferstehung ist das menschliche Sein über die äußerste Sphäre des geschöpflichen Werdens hinausgelangt und eingegangen in das Leben der Heiligen Dreifaltigkeit. Christus ist zu einer Wirklichkeit ganz neuer und besonderer Art geworden, zu einer gänzlich geistdurchformten und alles Sein durchdringenden Mächtigkeit. In ihm wurde die Schöpfung in das ewige Sein Gottes hineingehoben. Er ist die endgültig neugewordene Welt. So verwirklicht sich im auferstandenen Christus das Heilsgeheimnis des Alls: Gott ist in die Tiefe der Welt abgestiegen, hat unsere Natur angenommen, um mit ihr aufzusteigen über alles, was die Welt hervorzubringen vermag. Deshalb ist das Wesen des christlichen Lebens eine „Nachfolge": Im Nachvollzug der irdischen Existenzweise Christi werden wir des unendlichen Seins des Absoluten teilhaftig und vollenden gleichzeitig das Werden der Welt.

Diese Einsicht in das Wesen des Christlichen wird im neutestamentlichen, besonders im paulinischen Glaubensverständnis unverkürzt zum Ausdruck gebracht: Christus ist zwar zu uns gekommen, bleibt aber doch bis zum Ende der Welt stets im Kommen. Durch die ganze Geschichte der Welt „wächst" Christus in uns. Erst am Ende der Zeit steht das „Pleroma Christi", der „volle Christus" da. Die Christen – die soziologisch sichtbaren und die sogenannten „anonymen", das heißt jene, die ihr Christsein noch nicht ausdrücklich erkannt haben – bauen den auferstandenen Leib Christi auf. Somit stehen sie an der Spitze der Weltentwicklung. Wenn das „Maß Christi" erfüllt ist, wenn alle Menschen, die Christi Seinsfülle ausmachen sollen, ihr Leben Christus überantwortet haben, hat sich die Schöpfung vollendet. Die durch die Zeiten lautlos angewachsene Gegenwart Christi wird sich jählings offenbaren und das All durchfluten. Dann beginnt das eigentliche Leben: Christus wird seine in die Dimensionen der Menschheit und des Universums erwachsene Wirklichkeit der Umarmung des Vaters hingeben. Das Abenteuer der Welt wird beendet sein. Das All wird umgewandelt und erhält endgültigen Bestand. Das Leben restlosen Glücks kann beginnen.

Somit sind wir gedanklich vorbereitet, die Tiefenströmung des Weltwerdens zu erfassen. Sie heißt: Umwandlung des Vorläufigen in die Endgültigkeit; Hineingehen des Endlichen in die restlose Nähe des Absoluten; Entstehung des Himmels aus dem Seinsstoff des Irdischen. Christi Auferstehung war bereits Erschaffung des Himmels, Himmelfahrt. Als Mensch ging er dorthin, wo er als zweite göttliche Person immer schon war. Der Himmel hat sich endgültig aufgetan. In einem blutigen Gang hat sich einer durchgekämpft und führte den Drang des Alls in die unüberholbare Verwirklichung hinein. Dies bedeutet zugleich: Von nun an haben alle Hoffnungen ihre Erfüllung. Kein Leben ist unnütz. Es lohnt sich, sich hinzugeben, sich zu verschenken. Wir können ja nichts verlieren, am wenigsten das, worauf wir verzichten. Die konkrete Gestalt der christlichen Lebensverwirklichung müßte demnach ein Zeugnis davon sein, daß die Welt einem ewigen Glück entgegenschreitet, ein Zeugnis der Freude und der Zuversicht. Christliches Dasein ist ein Werden des Himmels in den Kindern Gottes, in den Brüdern und Schwestern Jesu Christi. Je stiller, geduldiger und gütiger ein Christ ist, um so näher kommt die absolute Zukunft, der Himmel, heran. Ein solcher, von der Gegenwart des Zukünftigen erfüllter Christ ist ein Geschenk Gottes an die Welt. Eine gewaltige Verantwortung liegt auf ihm. Er nimmt das Leben der Welt in das atemberaubende Abenteuer der Gottvereinigung mit hinein.

In seiner „Göttlichen Komödie" beschreibt Dante eine schicksalshafte Wanderung durch alle Bereiche der Welt. In Begegnungen und Gesprächen enthüllt sich für ihn Stück für Stück die Weltordnung. So steigt er immer höher hinauf bis zur äußersten Spitze der Welt. Da wird ihm die erfüllende Vision gewährt. Der Dichter erschaut das Antlitz Christi im Kreis der Gottheit: „Drinnen im Kreise zeigte sich das Bild unseres Angesichts." Hier hat er das Letzte, das sich über Gott und die Welt aussagen läßt, symbolisch ausgesprochen: Das Menschenangesicht ist für die Ewigkeit das Antlitz Gottes. Dieser Endgültigkeit geht unsere Existenz entgegen. Von dieser Herrlichkeit träumt – unter tausend Abbildern und Gestalten – die Menschheit. Die „Vorahnung" dieser Vollendung treibt die Entwicklung der Welt voran. Der Auferstandene ist der geheime Sinn und das unüberholbare Ziel unserer Welt, der Punkt Omega aller zusammenstrebenden Kräfte des Alls. „Mit ihm ist das Ja verwirklicht worden. Alle Verheißungen Gottes haben in ihm ihr Ja gefunden. Durch ihn ist das Amen da."

Dritter Teil

Vollendung

Im christlichen Leben ist ständig etwas Neues im Werden. Paulus ermahnt uns immer wieder, „in der Neuheit des Lebens zu wandeln“. Was aber diese Neuheit bedeutet, ist schwer zu sagen. Sicherlich ist die endgültige Neuheit unsere Teilhabe an Gottes Wesen. Dies sollte sich aber ausdrücken im konkreten Nachvollzug unserer Existenz. In uns sollte zeichenhaft dargestellt werden, daß wir einer Vollendung entgegengehen, und zwar in allen Strukturen unseres Daseins. Gott steht uns zwar bei durch seine Gnade. Aber die Vollendung ist letztlich unserer Freiheit anheimgestellt. Leider verlangt ein solches Leben oft Anstrengungen von uns. Die Alten nannten diese Anstrengung „Tugend“. Das Wort klingt heute ein wenig „abgeschmackt“. Es bedeutet aber im Grunde: Das gelungene menschliche Sein. Im Grunde fragt uns Christus immer wieder: Ist dir dein eigenes Leben gelungen? Wenn nicht, dann wird uns Christus sicherlich verzeihen. Aber, ob wir uns selbst verzeihen? Ob wir uns vergeben, so viele Möglichkeiten ungenützt gelassen zu haben, so viel Liebe, Freundschaft und Wahrheit in unserem Leben enttäuscht zu haben? Gott will uns nicht als „tugendhafte“ Menschen (im abschätzigen Sinn zu verstehen), sondern, daß uns unser Leben gelingt, daß wir einer Vollendung entgegengehen.

Strukturen christlicher Vollendung

Christliches Leben ist wesenhaft ein *Werden des Himmels* in den Kindern Gottes, in den Brüdern und Schwestern Jesu Christi. Wollen wir also wissen, in welchen Strukturen sich unser christliches Leben vollendet, dann müssen wir zuerst auf die Frage Antwort geben: *Was ist Himmel?* Von der richtigen Beantwortung dieser Frage hängt ab, worin wir die eigentliche Vollendung sehen.

Was ist Himmel?

Das Leben wird in uns zweimal geboren. Einmal in der Ankunft aus dem Mutterschoß und zum zweiten Mal im Entlassenwerden aus der Welt; in der Geburt und im Tod also. In der *Geburt* wird das Kind gewaltsam aus dem Mutterschoß, aus der Enge des Beschützenden, des Gewohnten und des Heimlichen gedrängt; es wird von einem Untergang bedroht; zugleich eröffnet sich vor ihm eine weite, neue Welt; die Welt des Lichtes, der Farben, der Bedeutungen, des Mitseins und der Liebe. Ähnliches geschieht im *Tode,* nur viel radikaler: gewaltsam wird der Mensch aus der Enge seiner bisherigen Weltlichkeit herausgenommen; gleichzeitig gelangt er zu einem neuen, wesenhaften, sich bis in die Weite des Weltseins erstreckenden Weltbezug; der Mensch geht im Tode einerseits wirklich „unter", im Sinne einer Nichtung, eines gewaltsamen Entzugs seiner Leib-Weltlichkeit; zugleich taucht er „unter" bis zu den Wurzeln der Welt und erhält dadurch eine totale Weltpräsenz; er tritt ein in eine Tiefendimension des Weltalls, in jene Sphäre, wo sich die Umwandlung unserer Weltlichkeit in Himmel endgültig vollzieht. Was nachher kommt, was *Himmel* ist, davon wissen wir fast nur so viel wie das Kind im Mutterschoß von der Welt. Der Himmel übersteigt unsere Vorstellungen derart, daß wir von ihm fast nur sagen können, was er nicht ist. Es wurde uns vom Himmel nur so viel geoffenbart, daß wir in der Erwartung nicht erlahmen. Eines wissen wir aber mit Sicherheit: Himmel ist die endgültige Vollendung im grenzenlosen Glück. Wenn wir also auf die Frage nach dem Wesen des Himmels Antwort geben wollen, müssen wir wissen, in welchen Richtungen unser Leben spontan seine Vollendung sucht. Diese Linien müssen wir dann ins Unendliche verlängern. So gewinnen wir eine ferne Ahnung vom Wesen des Himmels. Welches sind nun die wesentlichsten Vollendungsrichtungen menschlicher Wirklichkeit? Es sind deren drei.

Menschliches Leben vollendet sich in der Armut

Die vordergründige Erfahrung scheint uns das Gegenteil zu lehren. Das Leben vollendet sich im Besitz. Der Mensch ist ein „Mangelwesen". Seine Lebenskraft genügt nicht, um sich in der Welt – in die er gemäß dem Willen seiner Schöpfers eingesenkt ist – zu verteidigen. Er müßte rein biologisch untergehen, wenn er nicht eine andere Kraft besäße. Der Mensch vermag die Welt zu beherrschen. Er umgibt sich mit einer schützenden Hülle; er macht sich die Energien der Welt dienstbar; er erschafft so zwischen sich selbst und der Welt eine neue Welt. Er paßt sich der Welt nicht an, sondern formt die Welt in eine künstliche Sphäre um, worin er unbeschadet seiner Nichtangepaßtheit leben kann. So enthebt er sich, indem er die Welt beherrscht, den Bedingungen seiner Umwelt. Besitz, Weltbeherrschung, Eigentum und Herrschaft sind also Formen menschlicher Vollendung, und zwar dermaßen, daß der Mensch ohne sie gar nicht existieren könnte.

Warum sagen wir trotzdem, daß sich das menschliche Leben in der Armut vollendet? Weil der Drang nach Besitz sich in uns notwendig umformen muß in die Armut. Drang nach Besitz ist wesenhaft Drang nach Teilhabe am fremden Sein. Je höher ein Seiendes dem Seinsrang nach steht, desto weniger läßt es sich besitzen. Die höchsten Werte – wie zum Beispiel die Liebe – kann man nicht erzwingen, kann man nicht mit den Mitteln der Weltbeherrschung erobern. Wenn wir an einer Person teilhaben wollen, müssen wir sie „frei-geben", müssen ihr gegenüber darauf verzichten, sie als Eigentum zu behandeln, das heißt: müssen die Haltung der Armut einnehmen. Der höchste Reichtum, die Teilhabe an Gott, ist reine Gnade. Gottes Gnade ist etwas Unberechenbares, alle Voraussagen und Ahnungen Widerlegendes. Gott gibt seine Gegenwart, wo und wann er sie geben will. Nichts wird dem Menschen von Gott geschenkt, was ihm ohnehin zukäme. Das Ereignis Gottes ist etwas, das den Menschen überfällt. Letzten Endes kann (und braucht) der Mensch dabei nichts anderes zu tun, als sich in stummer Hingabe von Gott beschenken lassen. Und so verhält es sich überall, wo menschliche Eigentlichkeit geschieht. Das Eigentliche läßt sich nicht erobern und noch weniger besitzen. Menschliche Vollendung ist Geschenk. Wir sind ihr gegenüber immer arm. Je mehr wir uns offenhalten, je empfänglicher, das heißt „noch-nicht-erfüllter" unser Wesen ist, desto mehr können wir beschenkt werden, desto größere Vollendung steht uns bevor. Und selbst daß wir uns offenhalten können, daß wir in uns eine Leere, eine Armut schaffen können, die erfüllt zu werden vermag, selbst das ist letzten Endes ein Geschenk. In den wesentlichsten Bereichen seines Lebens hat der Mensch nur als „Armer" Hoffnung auf Vollendung.

Menschliches Leben vollendet sich in der Keuschheit

Auch da scheint zunächst das Gegenteil wahr zu sein. Das Leben sucht doch seine Vollendung in der Richtung der Liebe. Ohne sie wäre es uns unmöglich, jene unentbehrliche Erfahrung zu haben, woraus die Haltung der geistigen Armut erwächst, die Erfahrung, daß unser Selbst sich in der Selbsthingabe vollendet. Liebe ist ja die Wesensform der Selbsthingabe. Sie ist die völlig interesselose Bejahung des fremden Seins und darin die Bestätigung unserer eigenen Existenz. Totales Sichschenken also und darin totales Empfangen. Eine wesentliche, ja für viele von Gott als Lebensaufgabe und als Weg zur Vollendung befohlene Grundgestalt davon ist die leiblich vollzogene geistige Liebe, worin sich das Leben neu erschafft, mit sich wieder eins wird und ein neues Anderssein hervorgehen läßt.

Dennoch mündet selbst die leibliche Liebe in der Keuschheit. Echte Liebe fordert mehr als leibliche Berührung. Sie sagt vorbehaltlos „Ja" zum geliebten Du. So sehr, daß sie es nicht „verbrauchen" möchte, daß sie nichts von ihm verlangt. Sie will ihm nur wohltun, zärtlich zu ihm sein, ohne etwas zu fordern. So geht die glühende Liebe über in die reine Bejahung des geliebten Wesens, das man, gerade weil man es liebt, nicht mehr als „Besitz“ behandeln will. Dieses glühende Dastehen der Liebe, dieses reine Schenken, diese vorbehaltlose Hingabe ist Keuschheit. Die Liebe kann sich, indem sie sich vollendet, in keusches Sein, in die Jungfräulichkeit umwandeln.

Menschliches Leben vollendet sich im Gehorsam

Die Vollendung des Lebens liegt in der Richtung der immer größeren Freiheit. Zunächst in der Richtung der immer größeren Befreiung von der Unmittelbarkeit der Triebe, dann aber auch – und vor allem – der immer entschiedeneren Selbstauszeugung. Schließlich ist da noch ein drittes Moment der Freiheit, das eigentlich das wesentlichste ist: das „Sich-in-der-Freiheit-Binden-können“. Menschliches Wesen ist erst dann frei im eigentlichsten Sinne der Freiheit, wenn es so unabhängig wird, daß es sich nicht mehr an sich selbst klammert, indem es nicht mehr sucht, was es selbst befriedigen, erfüllen könnte, sondern das, was andern Glück und Vorteil bringt. Diese ekstatische, sich selbst überholende Freiheit verwirklicht sich im Gehorsam, darin, daß die Freiheit nichts anderes will als dienen, verfügtwerden, das Herz verschenken, sich nicht aufdrängen, nicht mehr für sich selbst da sein. Eine solche Freiheit ist unmittelbare Liebe, Kraft des vom Guten berührten Herzens. Eine große Zärtlichkeit zum Sein liegt in solcher Freiheit. Etwas Absichtsloses. Sie ist reine Bereitschaft. Eine Bereitschaft, die nichts anderes ist als die Empfänglichkeit für das Neue. Sie zeigt an, daß eine Seele noch frisch ist, daß sie einer noch größeren Erfüllung entgegengehen kann, daß sie nichts in sich hat, das die Ankunft des Größeren hindern könnte. Sie ist die Jugend des Geistes, das Frohe, das Umwandlungsfähige in ihm. Eine solche Freiheit sagt „Ja“ zu allem, was ist. Zu allen Wesen spricht sie ihr Du: Schwester Sonne, Bruder Feuer, Bruder Tod und Bruder Mensch. Sie will ihnen gehorchen, das heißt, sie in ihrem tiefsten Wesen anerkennen. Vor allem wird aber Gott durch eine solche gehorsame Freiheit „frei“. Hier kann er die Welt „fassen“. Die tiefer als alle menschliche Tiefe liegende Lebendigkeit Gottes kann sich nun im Menschen zur Geltung bringen. Sperrt sich unsere Existenz, so ist Gott gebunden. Öffnet sie sich, so entsteht eine neue Weite, in welche Gottes Sein eintreten kann, und worin eine zweite Schöpfung, die neue Schöpfung beginnt. Das ist das Wunder, das zu verkünden Jesu innigstes Anliegen war: das Wunder des Werdens einer neuen Welt.

Erfüllung in der Hingabe der Liebe

Wenn sich aber das Leben wesentlich in Armut, Keuschheit und Gehorsam vollendet, so ist *kein Eintritt in den Himmel möglich ohne diese drei*. Der *Tod* wird uns alle in die Möglichkeit setzen, die totale Armut, die vorbehaltlose Keuschheit und den unbedingten Gehorsam frei zu verwirklichen. Erst wenn der Mensch sich *vernichtigt* (seine Armut, die zugleich ganzheitliche Aufgeschlossenheit ist, auf sich nimmt), wenn er sein eigenes Wesen rückhaltlos *hingibt* (seine Keuschheit in einer ganzheitlichen Zurückhaltung erlangt) und wenn er sich absichtslos *schenkt* (seinen Gehorsam mit der letzten Unbedingtheit seiner Freiheit bejaht), kann er eintreten in die Vollendung. In diesem Sinn sind die evangelischen Forderungen der Armut, der Keuschheit und des Gehorsams für jeden Christen gültig und dulden keine Ausnahme.

Himmel besteht also aus einer ganzheitlichen Armut: unser Wesen wird aufgebrochen; es wird eröffnet auf eine unendliche Vollendung hin; auf eine Vollendung, die eine ständige Leere hervorruft, damit das menschliche Wesen noch mehr erfüllt werden könne. Himmel besteht auch aus einer rückhaltlosen Keuschheit: wir werden im Himmel nur da sein, offen für die andern, nur uns selbst schenkend und nichts, keine Gegenleistung erwartend; wir werden Kraft dazu haben, Kraft aus unserer Armut. Himmel besteht schließlich aus einem unbedingten Gehorsam: unser Wesen wird ein „Ja" sein. Ein „Ja" zur Unendlichkeit, zur unendlichen, uns immer mehr erfüllenden und verfügenden Vollendung; ein Sichhineinbegeben in die ständige Andersheit, wozu uns unsere Keuschheit fähig machen wird. So wird deutlich, daß Armut, Keuschheit und Gehorsam nicht drei verschiedene Tugenden sind, sondern die eine Eigenschaft der Liebe; einer Liebe, die Hingabe geworden ist und die in eben dieser Hingabe ihre restlose Erfüllung erlangt.

Aus diesen Überlegungen geht hervor, daß *die Gelübde der*

Armut, der Keuschheit und des Gehorsams nicht eine außergewöhnliche und nur wenigen vorbehaltene Entscheidung sind, sondern das Grundgesetz der neuen Schöpfung. Jeder Christ muß sie in seinem Leben – oder wenigstens im Tod – verwirklichen. Das Besondere und Ungewöhnliche am Wesen der Gelübde ist, daß ein Mensch wagt, das Ewige bereits jetzt unter den Bedingungen der Weltlichkeit zu leben. Christliches Ordensleben ist demnach ein Zeugnis vom Himmel. Und so muß es „dargelebt" werden. Der Ordensmann und die Ordensfrau sind dazu berufen, den Menschen zu zeigen, was Himmel ist. Wenn ihnen das nicht gelingt, so haben sie in ihrem Beruf versagt.

Zeugnis der Liebe

Zeugnis ist ein Offenbarungsvorgang. In ihm tritt das „Noch-Unzugängliche" in die Welt der Greifbarkeit. Es erhält in einem konkreten Menschendasein eine faßbare Evidenz. Im Zeugen des Himmels verdichtet sich also der Himmel selbst. Es wird eindeutig, daß es ihn gibt, daß er Macht hat über ein Menschenwesen, dessen Herz er bereits jetzt voll erfüllen kann. Die Welt unserer unmittelbaren Erfahrungen ist noch undurchsichtig auf den Himmel hin. Erst im Zeugnis bekommt die Welt eine neue *Transparenz.* Die Existenz des Zeugen ist gleichsam ein Riß in unserer Welt. Durch diesen Riß strömt das Licht des Himmels herein. Um Zeuge zu sein, genügt also noch nicht, daß ein Mensch gläubig, fromm, innerlich und um religiöse Dinge wissend ist. Er muß ganz ergriffen werden von der Wirklichkeit des Himmels, damit seine Existenz ganz *leuchtend* werde. Der durch die Gelübde von Armut, Keuschheit und Gehorsam vom Himmel seinshaft ergriffene Mensch ist der Gipfelpunkt des Universums, die Blüte der Schöpfung. In ihm vollendet sich unsere Welt. Er ist die bis zu den äußersten Gemarkungen vorgestoßene Spitze des kosmischen Werdens. Das Leben der Gelübde ist also keineswegs eine Verneinung der Welt, sondern eine tiefe Liebe zum Eigentlichen unserer Weltlichkeit, eine Liebe, deren „Ja" sonst nirgends auf der Erde so radikal ausgesprochen wird. In den heutigen Menschen ist ein Verlangen, ja eine Gier nach Größe aufgebrochen. Etwas Niedagewesenes steigt aus dem Bewußtsein des Menschen empor, eine neue Sehnsucht, eine neue

Jugendlichkeit des Geistes, ein neues Verlangen, den Rahmen alles Bisherigen zu sprengen, eine neue Fähigkeit, sich in die Zukunft hineinzuträumen. Das Christentum will diesen neuen Aufbruch nicht verhindern. Im Gegenteil. Es entzündet für ihn ein Licht, damit der Weg sichtbar wird. Christus ist die Erfüllung aller Sehnsüchte. Alles was „hinauf"-strebt, verlangt nach dem Herrn. Christus steht im Herzmittelpunkt aller Träume der Menschheit. Der auferstandene Christus ist Garant dafür, daß keine Hoffnung unerfüllt bleibt, daß sich unsere Sehnsüchte nicht im Leeren verlieren. Nirgends wird die Welt so radikal *bejaht,* wie im Christentum. Und diese radikale Weltbejahung soll in jenen Menschen sichtbar werden, die sich durch die Gelübde ganz dem Himmel, der letzten, unendlichen Vollendung der Welt geweiht haben.

Armut als Weltbejahung

Der Mensch, der durch das Gelübde der Armut Gott eine innere Freiheit vom Besitz versprochen hat, spricht – vielleicht nicht durch Worte, sondern durch sein gelebtes Dasein – zur Welt:

Um vorwärts zu kommen, muß man mehr sein als reich. Mein Freund, du bist auf deine Sicherheit bedacht. Du hast für deine Familie zu sorgen. Du mußt zusehen, daß die Deinen keine Not leiden. Unser Herr hat das von dir verlangt, und du tust gut daran, dieser Forderung mit allen Kräften nachzuleben. Du darfst aber dein Herz nicht binden. Sonst bleibt dir und deiner Welt die Vollendung versagt; sonst bringst du die Welt nicht vorwärts, schaffst aus ihr nicht eine neue Welt. Unser Herr hat es selber gesagt: Kinder, wie schwer ist es für solche, die ihr Vertrauen auf Reichtum setzen, in das Reich Gottes einzugehen. Er meinte damit genau das, was du in Momenten der Einsicht auch dir selbst immer wieder sagst: ich muß mich freimachen, ich darf mich nicht ins Gewordene einsperren, ich muß einer neuen Erfüllung zugehen, ich muß ständig gegen meine eigene Verplattung kämpfen, mein Wesen ist nicht Gewesenheit, was ich eigentlich bin, liegt noch an der Front, ich darf mich nicht zufrieden geben, sonst wird nichts aus mir, nichts aus meinen Träumen, nichts aus meiner Sehnsucht. Ja, unser Herr verlangt von dir, daß du vorbehaltlos empfänglich seist für das Neue, daß du dich in der Pflege des Eigenen nicht verausgabst, daß du in deinem Innern für die Dinge und für die Menschen Raum schaffst, daß du dich selbst nicht allzu ernst nimmst, daß du offen seist für die Nöte der andern, daß du dich nicht vordrängst, sondern die andern gelten läßt, daß du nicht überall nur die Bestätigung deines eigenen Selbst suchst, daß du dich also um Krüppel, Lahme und Blinde kümmerst, daß du Hungrige speisest, Durstigen zu trinken gibst, Fremde beherbergst, Nackte bekleidest, Kranke besuchst, zu Gefangenen hingehst, Trauernde tröstest, daß du – um es mit einem Wort zu sagen – die Welt nicht aufgibst, sondern ihr zeigst, daß sie noch eine Hoffnung hat. Das ist jene innere Armut, von der unser Herr so eindringlich sprach. Erst darin wirst du echte Freude finden. Nicht Bequemlichkeit, nicht billige Lust, nicht leichte Fröhlichkeit, sondern tiefe Freude, die daraus kommt, daß der Mensch für jene sorgt, jene aufnimmt, die der Herr zu ihm schickt. Der innerlich arme Mensch, der Mensch also, der sein Vertrauen nicht auf das Erreichte, Bereits-Verwirklichte setzt, steht in königlicher Unabhängigkeit über den Dingen. Er gebraucht sie, denn Gott hat sie ihm gegeben. Aber er gebraucht sie so, als ob er sie nicht gebrauchen würde, das heißt, er gebraucht sie nicht aus bloßer Gier des Habenwollens, sondern um für die ihm Anvertrauten zu sorgen. Er besitzt die Dinge nur, um die schenkende Liebe seines Herzens zu bewähren. Glaubst du, die Dinge würden dir verlorengehen, wenn du dich nicht an sie klammerst? Keineswegs! Der Mensch besitzt die Dinge im wahren Sinn erst, indem er sie verwandelt, ihre Schönheit in sich aufnimmt, durch ihr Sein vorstößt bis zu ihrem ewigen Grund. Welch innige Vertrautheit mit den Dingen dieser Welt spricht aus den Gleichnissen Jesu, der selber nichts hatte, wohin er sein Haupt legen konnte. Das Wasser, das Brot, die Tür, der Weg, das Licht, ja die ganze Welt sind in den Gleichnissen Jesu voll vom Geheimnis, des Geheimnisses Gottes, das selbst durch die gewöhnlichsten und alltäglichsten Dinge hindurchscheint. Habe also keine Angst! Du wirst reicher, indem du die Dinge nicht ergreifst, sondern sie begreifst. Laß dich nicht beherrschen, gib dich nicht zufrieden, lasse die Sehnsucht in dein Herz einkehren, sei ein Mensch, der einer noch größeren Vollendung entgegenharrt. Wenn du das nicht tust, verkümmert das Leben in dir und du wirst keine Hoffnung mehr haben. Du wirst das Leben nicht vorantreiben. Du wirst ein Holzklotz an den Füßen der Menschheit sein, die überall von Vollendung träumt, und die einer schöneren Zukunft entgegenschreiten will. Wenn du die Welt wirklich liebst, sei innerlich arm!

Diese „Predigt der Armut" wird aber nur glaubhaft, wenn die Menschen, die gleichsam „berufsmäßig" von der Größe der Armut Zeugnis ablegen sollen, der Welt beweisen, daß die Welt nur in der geistigen Armut wirklich geliebt werden kann. Dies dürfte aber nicht allzu schwer sein. Die sogenannten „Kinder der Welt" wissen sehr wohl: Jede große Tat ist mit Verzicht verbunden; jede Vollendung der Welt verlangt Anstrengung, Sieg über die Trägheit, über die eigene Selbstzufriedenheit, das heißt Loslösung. Wieviel Ruhe, Frieden opfert der Mensch täglich, um vorwärtszukommen. Wieviel des eigenen Selbst verliert der Mensch täglich in der Arbeit für die Erde. Er muß sich immer wieder sich selbst entreißen. Er weiß sehr viel um das Opfer. Diese Forderung der Loslösung erreicht beim Christen ihre höchste Vollendung.

Der Christ sucht Gott in allen Dingen. In seinen eigenen Augen zählt er selber nicht mehr. Er hat sich vollkommen vergessen. So *könnte* der Christ der „losgelösteste" unter den Menschen sein und die reinste und selbstloseste Tat im Dienste einer dem Göttlichen entgegenwachsenden Welt vollbringen. Er könnte sich radikal „klein machen", sich vergessen, das heißt geistig arm sein. Die Menschen würden dann sehen: Er hat sich ungeschützt und fraglos dahingegeben, er hat sich in den andern hinein verloren, er sucht nicht den eigenen Vorteil, er hat sein Herz freigemacht, er ist der vollendete Mensch. Wer sonst könnte sich radikaler schenken als der Christ, dessen Leben ja im Nachvollzug der Existenzweise seines Erlösers besteht. Diese Existenzweise, die Gesinnung Christi, hat der Philipperbrief folgendermaßen geschildert: „Seid gesinnt wie Christus Jesus. Er war in göttlicher Gestalt und wollte doch nicht gewaltsam an seiner Gottheit festhalten. Er gab sich vielmehr hin, nahm Knechtsgestalt an und war den Menschen gleich. In seiner ganzen Erscheinung als Mensch erfunden, entäußerte er sich". Erst in solcher Gesinnung vermag der Mensch überhaupt schöpferisch zu sein. Und das ist die Gesinnung des Christentums. Der Zeuge des Himmels müßte der heutigen Welt konkret beweisen: Wer die Erde wirklich liebt, muß sie christlich lieben. Der Christ ist kein müdes Glied des Menschengeschlechtes. Er ist nicht weniger, sondern mehr Mensch als alle andern. „Hebräer sind sie?

Ich auch! Israeliten? Ich auch! Nachkommen Abrahams? Ich auch! Ja, ich bin es noch mehr!" – sagt Paulus im zweiten Korintherbrief. Wir könnten hinzufügen: Menschen sind sie? Ich bin es noch mehr! Dieses „Plus et ego" (Ich bin es noch mehr) ist genau die Stelle, an der heute das christliche Zeugnis entsteht. Es zeigt, daß wir nicht deshalb arm sind, weil wir im Lebenskampf versagt haben oder dafür eine individuelle Belohnung im Himmel erwarten, sondern weil wir erkannt haben, daß dies der Weg zum kollektiven Erfolg der Welt ist. Wir sind nicht gegen die Welt arm, sondern für die Welt.

Keuschheit als Lebensbejahung

Keuschheit ist nicht eine negative Eigenschaft, Verkrampfung und Leugnung des Lebens. Sie ist im Gegenteil ungeteilte, ganzheitlich gelebte Lebensbejahung. Der Zeuge des Himmels verzichtet auf die Erfüllung seiner Sehnsucht, nicht weil er die Liebe geringschätzt, sondern weil er sich ungeteilt schenken will, weil ihn seine Liebe hinausträgt über jegliche Erfüllbarkeit. Er möchte für alle da sein, vor allem für jene, die niemand liebt, die die Liebe noch nie erfahren haben. Die Keuschheit ist also die reine *Positivität des Lebens.* Sie ist jene Geradlinigkeit und jener Schwung, die die Liebe fähig machen, zu lieben. Unrein, unkeusch ist dagegen ein Wesen, das sich im Egoismus einrollt, das sich selbst sucht, das nicht liebt. Die Reinheit verwirklicht sich in einem Menschen, in dessen Bewußtsein nicht das eigene Selbst steht, dessen Daseinsregungen von ihm „fort gehen", in dessen Lebenszentrum die andern stehen, nicht sein eigenes Ich. Keusch ist, wer eine grundsätzliche Absichtslosigkeit und Offenheit des Daseins in die Tat umsetzt, wer sich ganzheitlich „zusammennimmt" und sich restlos verschenkt, wer auf sich selbst nicht mehr zurückschaut, sondern sich zum Einsatz bringt mit dem Ernst seiner gesamtpersonalen Wirklichkeit.

Die Reinheit ist im Grunde nichts anderes als jene Haltung der Unbedingtheit, die im Neuen Testament mit „Herzenseinfalt" bezeichnet wird: Ganzheitliche Hingabe des Menschen. „Herzenseinfalt" bezeichnet den Zustand, in dem das Herz eines Menschen wirklich „eins" ist: Ganz Hingabe, ganz Dienen, ganz Aufrichtigkeit. In einer solchen ungeteilten Hingabe glänzt das menschliche Wesen auf, wird vom Licht der Heiligkeit durchflutet. Reinheit ist die zur Lebenshaltung gewordene Gebärde des Menschen, der Gott „eindringlich", mit allen Fasern seiner Existenz sucht. Die Heilige Schrift gebraucht für dieses „leuchtende Dastehen" auch das schwer übersetzbare Wort „hagnotes". Dies ist nicht einfach „Reinheit", sondern Heiligkeit und Heilheit des Seins, das innerliche Leuchten eines Wesens, das *„unbedingt" lebt für das „Unbedingt"*, für Gott. Diese ganzheitliche Hingabe „zwingt" Gott, in die Welt einzutreten, sich der Welt zu schenken. Dies ist auch das Geheimnis von Mariä Verkündigung: „Als der Augenblick kam, da Gott sich entschloß, die Menschwerdung vor unsern Augen zu verwirklichen, mußte er zuerst in der Welt eine Tugend erwecken, die fähig war, Ihn bis zu uns herabzuziehen ... Er schuf die Jungfrau Maria, das heißt, er ließ auf der Erde eine so große Reinheit entstehen, daß er sich in diese Durchsichtigkeit verdichtete, bis er als kleines Kind erschien" *(Pierre Teilhard de Chardin).* Die Heilige Jungfrau war die Dichte des Lebens. In ihr konzentrierte sich die Lebendigkeit des Alls. Sie ließ Christus, das „Leben", hervortreten, der uns und das All hinüberführt in die letzte Lebensfülle, in die Verherrlichung. In Christus glühte das Sein auf. Die Jünger haben dieses Glanzwerden, diese Intensität der Wirklichkeit, diese Metamorphose des Seins in die Herrlichkeit auf erschütternde Weise erfahren: „Da verwandelte sich sein Aussehen vor ihnen. Sein Angesicht leuchtete wie die Sonne, seine Kleider wurden weiß wie das Licht." Johannes berichtet über seine Christusvision: „Ich wandte mich um, die Stimme zu erschauen, die zu mir sprach. Und wie ich mich umwandte, sah ich sieben goldene Leuchter, und inmitten der Leuchter eine Gestalt wie die des Menschen Sohn, umhüllt von einem wallenden Mantel, und die Hüfte umgürtet mit einem goldenen Gürtel. Sein Haupt und seine Haare waren weiß wie schneeig weiße Wolle. Seine Augen waren wie Feuerbrand, seine Füße wie Erz, im Ofen geglüht, und seine Stimme wie das Tosen vieler Wasser. Auf seiner Rechten hielt er sieben Sterne. Aus seinem Munde ging ein Schwert hervor, zweischneidig scharf, und wie die Sonne in ihrer Macht, so strahlte sein Antlitz. Als ich ihn erblickte, fiel ich wie tot zu seinen Füßen nieder. Er legte seine Rechte auf mich und sprach: ‚Fürchte dich nicht! Ich bin der Erste und der Letzte. Der Lebendige. Ich war tot, aber nun lebe ich wieder in alle Ewigkeit'"

Eine Botschaft vom Leben. Das reinste Leben hat den Tod überwunden und dem Leben seine Lebendigkeit geschenkt.

Von dieser Lebendigkeit Zeugnis abzulegen, ist die Aufgabe jener Christen, die sich im Gelübde der Keuschheit dem Leben geweiht haben. Sie sollen der Welt jenes Vermögen der Reinheit zeigen, das das Göttliche unter uns entstehen läßt. Der Zeuge des Himmels darf nicht kleinlich werden, er darf nicht den Eindruck erwecken, er liebe Gott, weil er sonst niemand lieben kann, er suche das Ewige, weil er keinen Mut für das Zeitliche hat. Er muß Transparenz reiner Lebendigkeit in der Welt werden. Das Leben muß in ihm aufleuchten. Daß dies nicht nur in Christus geschehen kann, sondern in jedem Menschen, der sich ganzheitlich Christus geweiht hat, davon legt die Apostelgeschichte Zeugnis ab, wenn sie vom Diakon Stephanus berichtet: „Alle, die im Rate saßen, blickten auf ihn und sahen, wie sein Antlitz dem eines Engels glich.“

Gehorsam als Freiheitsbejahung

Nichts war so frei wie jene Liebe, mit der Christus den Willen des Vaters gesucht hat. Christus hat keine Lebenspläne erarbeitet, keine Programme verkündigt, sich mit seinem Schicksal nicht beschäftigt. Er war frei. Dem Augenblick und den in diesem Augenblick sich offenbarenden Nöten der andern gegenüber offen. Er ließ sich führen. Es verwirklichte sich in ihm, wovon der Psalm eine ferne Ahnung gibt: „Herr, mein Herz ist nicht stolz, und meine Augen vermessen sich nicht. Nein, bescheiden habe ich mich und meine Seele gestillt. Wie ein Kind auf der Mutter Schoß, ist meine Seele in mir“. Er hat sich als Mensch vollkommen in die Hände dessen hineingelegt, der wie niemand sonst unsere Freiheit respektiert, weil er selbst diese Freiheit erschaffen hat. Er hat sich ganz hineinbegeben in den Willen Gottes, der die Schöpfung durchwirkt, sie immer weiter vorantreibt und einer ganzheitlichen Befreiung, dem Himmel, entgegenführt. So wurde er zum Pfeil des kosmischen Werdens: „Er war gehorsam bis zum Tod, ja bis zum Tod am Kreuze. Darum hat Gott ihn auch so hoch erhoben und ihm den Namen verliehen über alle Namen, daß im Namen Jesu sich beuge jedes Knie, der Himmlischen, Irdischen und Unterirdischen, und daß jede Zunge bekenne: Jesus Christus ist der Herr.“ Unsere Freiheit liegt darin, dem zu gehorchen, der uns zur Freiheit berufen hat, der Milliarden Freiheiten entstehen ließ und sie alle zu ihrer Vollendung führen will. Wenn wir uns dieser Schöpferkraft fügen, bringen wir die Welt voran, ihrer ewigen Bestimmung entgegen. Wir verlieren dadurch unsere Freiheit nicht. Gottes Schöpfungstat ist die Tat der Zartheit. Eine große Zurückhaltung liegt in der Geste der Schöpfung. Gott schafft uns dadurch, daß er für uns Raum läßt, daß er gleichsam seine Allmacht, sein allerfüllendes Wesen zurückzieht, damit wir sein können. Und nachher, nachdem er uns ein Herz geschenkt hat, geht er hinaus und wirbt um uns, sagt in erschütternder Eindringlichkeit: „Sohn, schenke mir dein Herz." Er sagt: Wenn du willst, führe ich dich hinaus aus deiner Enge. Ich werde dich so führen in Ewigkeit. Du wirst ständig neu werden. Du wirst erleben, was immerwährende Wandlung ist. Aber du mußt es frei tun. Ich will dich nicht zwingen. Du bist frei. Deine Freiheit vollendet sich aber, indem du sie mir schenkst. Ich kann die neue Schöpfung nur erschaffen, wenn du mitarbeitest. Himmel entsteht, indem du mir in deinem Wesen Raum läßt.

Jeder Christ ist – indem er sein Christentum ehrlich lebt – zu diesem Gehorsam berufen. Jeder Christ muß sich offenhalten für die Führung Gottes in jedem Augenblick, eines Gottes, der seinen Willen durch die Vielfalt der Ereignisse kundtut, der zu uns spricht durch den Gang der Geschichte, durch unser augenblickliches Befinden, durch die Zufälligkeiten des Alltags. Durch die Gelübde des Gehorsams macht aber der Christ noch einen Schritt vorwärts, hinein in den Willen Gottes. Er spricht zu einem Menschen, der ebenso dem Irrtum und der Dunkelheit ausgeliefert ist, wie er selber: Du sollst mir sagen, was Gott von mir will. Durch dieses Wagnis der restlosen Hingabe, auf das Gott nicht anders antworten kann als mit einer noch größeren Hinwendung seiner führenden Liebe, holt er gleichsam Gott noch mehr in die Welt hinein. Durch sein unbedingtes Vertrauen „zwingt" er gleichsam Gott, ihn noch mehr zu führen, seine liebende Hand noch fester zu halten. Dies sollten vor allem jene, auf die sich der religiöse Gehorsam zentriert, also die Obern, nicht vergessen: Sie repräsentieren Gottes Führung nicht, weil sie besonders klug, begabt oder heilig sind, sondern weil der andere, der Geführte, Gott ein so großes Vertrauen geschenkt hat, daß Gott einfach nicht anders kann, als dem, der seine Führung vertritt, seine besondere Nähe zu schenken, ihm seinen Willen zu offenbaren. Der Obere müßte also ebenso – ja noch mehr – dankbar sein für den Gehorsam der Untergebenen, wie dieser ihm dankbar ist für die Führung Gottes. Beide sollen Zeugnis davon ablegen, daß hier Gott der Welt wirklich nahe ist.

Und der Herr ist der Welt nicht nahe, wenn diese Bindung des Gehorsams nicht *Freude* und *Befreiung* erzeugt. Jedesmal, wenn der Herr den Menschen nach seiner Auferstehung nahetrat, sagte er: „Ich bin es. Fürchtet euch nicht." Diese Freude, diese Furchtlosigkeit sollte das Zeugnis sein, daß hier Menschen in die Vollendung eingetreten sind, völlig eins wurden mit dem Willen dessen, der die Welt vollendet. Der Zeuge des Himmels gehorcht nicht, weil er zu schwach ist, seine Freiheit auszuüben, sondern weil er noch mehr an Freiheit ersehnt, weil er weiß, daß er, indem er sich Gott preisgibt, der Welt einen noch größeren Gott schenkt. Je mehr Gehorsam in der Welt existiert, desto mehr und desto schneller kann Gott die Welt in Himmel umwandeln. Auch hier ist das „Ja" Mariens, ihre freie, sich völlig schenkende Hingabe, von vorbildhafter Bedeutung: Ihre Hingabe ließ Gott in die Welt eintreten, das heißt, sie bot der Welt die Möglichkeit, sich mit ihrem Schöpfer zu vereinigen und zu erblühen zur Vollkommenheit.

Dergestalt wird die Atmosphäre – der Raum des Seins um den Zeugen des Himmels herum – immer leuchtender und immer mehr von Gott „geladener". Das glühend dargelebte Zeugnis von Armut, Keuschheit und Gehorsam führt eine Konzentration des Göttlichen in unserer Welt herbei. Eine unermeßliche Kraft ist in uns verborgen, die Kraft der göttlichen Gegenwart in der Welt. Der durch die Gelübde Christus geweihte Mensch ist nicht etwas von der Welt Abgetrenntes. Seine Auserwählung, ja gerade sie, macht ihn mit der ganzen Menschheit solidarisch. Die Welt hat ihn gleichsam vorausgeschickt, damit er den Weg für die Menschheit bereite. Er nimmt das Leben der Welt mit sich in das atemberaubende Abenteuer der Gottvereinigung. Er muß die andern nach sich lotsen. Eine gewaltige *Verantwortung* liegt auf ihm. Er gehört nicht mehr sich selbst, sondern der Menschheit. Er ist Geschenk Gottes an die Welt.

Armut, Keuschheit und Gehorsam bedeuten: das Durchsichtige, Lautere und *Absichtslose* in der Welt mit der letzten Anstrengung der Existenz aufrechtzuerhalten; eine Vornehmheit der Gesinnung, des Denkens und der Begegnung zu verwirklichen. Es ist ein Leben, das Güte ausstrahlt und Hoffnung bringt. Vielleicht nicht mit vielen Worten und durch viel Geschäftigkeit, sondern durch die Feinheit und Zurückhaltung seiner Erscheinung. So entsteht ein freier Raum in der Welt, in dem der andere „aufblühen kann“ – unbedroht, anerkannt und geehrt. Die Vornehmheit eines Lebens in Armut, Keuschheit und Gehorsam beweist, daß das Sein von einem Menschen restlos geachtet, verehrt und in eine absichtslose Freundschaft aufgenommen werden kann, daß es also noch eine Hoffnung gibt.

„Und er hat unter uns gewohnt“

Kein christliches Fest ist so tief in die Erlebniswelt der Menschen eingedrungen wie die Weihnacht. Wir erfahren an diesem Fest: Gott hat die Welt bejaht. Er ist nicht in eine fremde Welt abgestiegen, sondern kam „in sein Eigentum“. Dies bedeutet: Wir selbst, unsere Welt, unsere Erlebnisse, all das, was sich mit uns ereignet, ist nicht unser Eigentum. In alldem waltet Gott, ein Dynamismus, der ins Unbegreifbare weist. Wozu verpflichtet uns die Gesinnung der Weihnacht? Sie ist einerseits eine Botschaft der *Freude*, anderseits enthält sie eine Forderung der *Nachfolge*. Beides müssen wir sehen, wenn wir das Geheimnis der Weihnacht christlich bedenken wollen.

Die Freude zunächst: Ein Engel – das heißt: Gott selbst in seiner „vermittelnden“ Gestalt – sprach zu uns: „Ich verkünde euch eine große Freude.“ Dies ist wohl der erste Aspekt der Weihnachtsbotschaft. Es gibt so wenig Freude in der Welt. Ein Engel „mußte“ kommen, um uns zu beschwören, in der Freude zu leben. Gott ist „die“ Freude. Und er ist Mensch geworden: „Er hat unter uns gewohnt.“ Seitdem hat der Christ den Auftrag, Freude in die Welt auszustrahlen, denn:

Gewöhnlich ist unser Leben glanzlos. Bei traurigen Anlässen gibt man sich traurig, bei den fröhlichen fröhlich. Das Leben „verengt sich“ in uns und wird farblos und langweilig. Der Mensch schleppt sich voran. Eine zermürbende Gleichgültigkeit befällt ihn. Sie entsteht aus kleinen Ursachen: zuviel Arbeit, Einsamkeit, Krankheit, Trennung von einem geliebten Menschen. Dazu kommt manchmal: scheinbare Unvereinbarkeit des Glaubens mit der erfahrenen Wirklichkeit.

Dennoch spricht in dieses Leben der Engel der Weihnacht Gottes Wort hinein: „Ich verkünde euch große Freude.“ Dies bedeutet wesentlich: Du darfst kein abgestumpfter Mensch werden; unglücklich kann ein jeder sein; Freude verlangt aber Anstrengung; lege die Sorge ab, wenigstens heute, am Tage der Weihnacht, am Tage der Freude! Fragen wir uns aufrichtig:

Wie wäre es, wenn der Engel der Weihnacht heute vor uns stünde, wie damals vor den Hirten, und sagte: „Habt Freude." Was würden wir ihm heute antworten? Seit der Botschaft der Weihnachtsnacht ist die *Freude für uns Christen eine Pflicht* und die Traurigkeit etwas, das wir bekämpfen sollen. Wie kann man aber in der Freude leben? Vor allem: Wie kann man in der Freude ausharren? Die theologische Antwort besteht wohl darin:

Gott, in Christus, hat sich entäußert. Er ist für uns Mensch geworden. In dieser Tat hat er uns den Weg der Freude gezeigt: Erst in der Hingabe gelangt man zu jenem guten Mut, der Glück und Freude heißt. *Freude entsteht in der Selbstlosigkeit.* Diese kann der Mensch deshalb nur konkret, dem Bruder und der Schwester gegenüber, verwirklichen. Der Bruder – als Bruder – entsteht aber in dem Maße, als ihm „gedient" wird. Freude spendend erfährt man Freude! Der einfache Dienst am Bruder im Alltag ist somit die Bedingung echten Glücks. Die „Logik der Weihnacht" ist unausweichlich: Freude erfährt man nur in der Hingabe. Dies bedeutet, über den Dienst hinaus, Entsagung: In der Entsagung, in der Loslösung von sich selbst hat sich Weihnacht ereignet: Menschwerdung Gottes. Gott hat alles für uns hingegeben. Auch in der nicht durch das Ermessen des Augenblicks und dessen Laune manipulierten Hingabe bewährt sich christliche Existenz: „Daran haben wir die Liebe erkannt, daß er für uns sein Leben hingab." So müssen auch wir für die Brüder unser Leben hingeben. Wäre ein Leben der Selbsthingabe nicht ein Beweis, daß Gott in der Welt gegenwärtig ist, daß er Macht hat über unser Menschenherz? Wenn wir manchmal meinen, nicht mehr beten zu können, dann sollten wir wenigstens ein klein wenig mehr Glück in die Welt bringen. Das wäre vielleicht unser christliches Gebet. Ein Zeugnis von der Menschwerdung Gottes: Gelebte Weihnacht!

Somit gehört ein grundsätzlicher Optimismus, der „*Geschmack am Glück*", zum Lebenselement des Christseins. Die Freude ist nicht ein „Produkt" oder eine „Begleiterscheinung" des Christentums. Sie bestimmt die ganze Wirklichkeit des Christen: als Hoffnung, als der Ton, auf den alles gestimmt ist, als die Morgenröte eines erwarteten Tages. Die Forderung der christlich erlebten Weihnacht wäre demnach: Wir sollen, wenigstens heute, die Düsternis aus unserer Seele schaffen. Sie taugt nichts. Sie geht am Eigentlichen vorbei. Christsein bedeutet auch: eine freudige Gelöstheit in allen Situationen des Lebens, selbst in den schwierigsten, zeugnishaft zu verwirklichen.

Diese weihnachtliche Freude ist *eine weltumwandelnde Kraft*. Sie möchte dem Bruder ein wenig Hoffnung, ein wenig mehr Kraft geben. Nach der Menschwerdung Gottes wissen wir: „Was ihr meinem geringsten Bruder getan habt, das habt ihr mir getan.“ Überall dort, wo der Bruder in seiner Not erkannt und aufgenommen wird, ereignet sich schon Christentum, Weihnacht der Welt. Der Nächstenliebe gegenüber bleibt jede andere Tat, sei sie noch so nützlich oder erhaben, sekundär, zweitrangig. In der Nächstenliebe vollzieht sich, nach der Gerichtsrede Christi im Matthäusevangelium, bereits Gottesliebe. Das ist das grundlegende und unüberholbare Ereignis der Weihnacht.

Das Leben dieses Kindes, das für uns heute geboren wurde, um uns aus unserer Gebrochenheit zum echten Menschsein zu führen, war eine einzige Treue im stillen Dienen. Bis zum Ende – es war ein Ende am Kreuz – hat der Gottmensch nur Trost, Ruhe und Frieden gespendet. Das Wort des Engels –die Aufforderung zur Freude – ist somit Befreiung und Verpflichtung zugleich. Ein Mensch, der in Sibirien viele Jahre im Konzentrationslager verbracht hatte, schrieb einen Satz, der unsere „weihnachtliche Haltung“ zusammenfaßt: „Ich suchte meinen Gott, und er entzog sich mir. Ich suchte meine Seele, und ich fand sie nicht. Ich suchte meinen Bruder, und ich fand alle drei.“ Der Engel der Weihnacht hat Freude verkündet. Sie zu spenden, ein ganzes Jahr hindurch: das wäre Weihnacht!

Die Verpflichtung der Weihnacht beinhaltet aber noch mehr. Sie ist die *Forderung zur Nachfolge:* die Gesinnung der Menschwerdung in unserem oft so dunklen und gebrechlichen Leben zu verwirklichen. Nachfolge: In einer weihnachtlichen Meditation möchte man keine abstrakte Theorie des Christseins entwerfen, sondern ein wirklichkeitsnahes Bild von jenem Gott zeichnen, der unter uns gewohnt hat. Wie war Christus in Wirklichkeit? Wie haben die Menschen den menschgewordenen Gott erlebt? Was war jene Macht in ihm, die die Apostel in seinen Bann zog und sie zur Nachfolge verpflichtete? Versuchen wir, die ergreifende Menschengestalt zu zeichnen, in der Gottes Güte unter uns wohnte.

Was uns, selbst beim flüchtigen Lesen des Evangeliums, an Christus am meisten beeindruckt, ist: *Er war ein ruhiger Mensch.* Er hatte eine „Mitte", die den Zufälligkeiten der Welt enthoben war. Er sammelte sich auf das Zentrum seiner Existenz hin. Zugleich hatte er einen besonderen Abstand von der Welt. Er klammerte sich nicht an die Dinge der Welt, ließ sich von ihnen nicht „fixieren". In seiner ganzen Existenz lebte eine heilige Gleichmütigkeit auf. Er überwand in seinem Dasein die Macht der Gewohnheiten, der Alltäglichkeit, der müden Abstumpfung. Er vergrub sich nicht in sein „gewordenes Leben", war nichts Zeitgeprägtem unlösbar untertänig, klammerte sich nicht an sich selbst. Er war vorbehaltlos empfänglich für das Neue, suchte nicht die Bestätigung seiner eigenen Wirklichkeit, schuf in seinem Innern für alles, was auf ihn zukam, einen Raum, lebte „von sich selbst weg". Sorglosigkeit beherrschte sein Leben, etwas, das in den Worten Ausdruck fand: „Seid nicht ängstlich besorgt" – „Habt keine Angst" – „Sprecht offen" – „Ich bin gekommen, Frieden zu bringen" – „Sammelt euch keine Schätze auf Erden" – „Euer Leben ist mehr als Essen und euer Leib mehr als die Kleidung" – „Wer von euch kann mit all seinen Sorgen seiner Lebenszeit eine Spanne zusetzen?" – „Seid nicht in der Unruhe" – „Suchet zuerst das Reich, und das andere wird euch dazugegeben werden" – „Gib deine Habe hin, um damit wohlzutun". Der Mensch, der diese Worte aussprach, war aber nie „gespannt" oder fanatisch. Er war zwar völlig in Anspruch genommen, wurde aber nie ungeduldig. Er blieb gesammelt, war nicht „geschäftig", ließ sich führen von seinem Schicksal, das er den Willen seines Vaters nannte von Mal zu Mal. In die Hände dieses Gewaltigen und Überwältigenden „befiehlt er seinen Geist", das heißt, die Mitte seines Wesens. Die Existenz dieses Menschen war ganz still und „horchend". Für sich selbst hatte er zwar „keine Zeit", denn sein Leben gehörte dem Schicksal, den Nöten und Freuden der andern. Dabei schwieg sein Inneres, drängte sich nicht vor, war von sich losgelöst.

Eine zweite Grundeigenschaft des menschgewordenen Gottes: *Er war mit den Dingen der Erde verbunden.* Ein Mensch, der spürte, wie die Dinge der Erde sind. Er nahm die hellen Schönheiten und Kostbarkeiten der Welt, aber auch die Ereignisse der grauen Alltäglichkeiten in seine Seele auf. In seiner Sprache hatten die „Vögel des Himmels", das „rauschende Wasser", die „Blumen des Feldes", die reifende „Traube", das „verirrte Schaf", die Frau, die den „Teig knetet", der „Dieb in der Nacht" ihren wohlgeordneten Platz. Er konnte von Königen und Sklaven, von Kindern und Bettlern, von Soldaten, Dirnen, Pächtern, Priestern, Hirten und Handelsleuten sprechen. Die bunte Fülle der Welt, der Reichtum des Lebens und der Natur, die einfache, von allen erlebbare Wirklichkeit kamen bei ihm zu Wort. Das Unsichtbare wurde sichtbar, das Unhörbare hörbar – als Gleichnis. Sein Sprechen strebte danach, die Welt zu ihrer ursprünglichen Einfalt zurückzubringen. Seine Rede stellte das Absolute hinein in die Welt der Dinge, ja des Alltäglichen. Deshalb war sein Reden vom Gleichnis durchflossen wie vom Blut. Etwas Abgeklärtes bemerken wir bei Christus: das erdhafte und zugleich auf das Absolute hin aufgebrochene Sprechen. Ein Reden in Selbstverständlichkeit, Einfachheit und vielleicht sogar Kargheit; eine Ungezwungenheit des Wissens, des Erfahrens, des Sagens und des Berührens. Seine Rede offenbarte eine Sicherheit und eine tiefe Verwandtschaft mit der Welt der Dinge. In ihm sprach der „Zimmermannssohn".

Als dritter Zug der „Menschlichkeit Gottes" wäre vielleicht zu nennen: Wir finden Christus nicht in der Gesellschaft von Gelehrten, sondern im *Kreis der Einfältigen.* Der gänzlich menschliche, weil gottmenschliche Mensch hatte die Einfältigen als Brüder. Er „bewies" ihnen nichts. Ja er wollte ihnen im Grunde „nichts Neues" sagen, sondern immer nur das Erschütternd-Gekannte, damit sie merken, daß sie das Eigentliche immer schon in ihrem Herzen getragen haben. Sein „Beweis" war: „Ich aber sage euch." Das „Immer-schon-Erkannte" wurde durch ihn „anerkannt" – zwei wesensverschiedene Vorgänge: erkennen und anerkennen. Es gibt Worte, die keines Beweises bedürfen, weil sie „so" ausgesprochen werden, mit solcher Ursprünglichkeit, daß sie die Einsichtigkeit bereits in sich tragen. In Christus erwuchs das Wort zur Erfüllung. Sein Sprechen wirkte geheimnisvoll, eben weil es einfach war. In seinem Munde lebten vollkommene Worte. Worte, wie die der Seligpreisungen, die jedermann, der ein einfaches Herz hat, verstehen kann und die dennoch für alle Weisen der Welt unverständlich bleiben. Deshalb wurden sie nur von wenigen verstanden. Und viele dieser wenigen waren gar nicht von denen, die die Erfüllung erahnten oder begehrten. Deshalb war Christus einsam.

Dies ist vielleicht das Erschütterndste an ihm: *Er war ein Verborgener.* Er strebte danach, namenlos zu sein. In seinem Leben brach die „Einsamkeit der Fülle" auf, jene Einsamkeit, die den Abgründen, den Gipfeln, den Meeren eigen ist. Wir alle leben im Flüchtigen, im Fragmentarischen. Wer aber – wie Christus – in der Einheit des Lebens existieren will, muß lange allein bleiben, um sich auf die Einheit hin sammeln zu können. Einsam in der Reifung, einsam bei der Versuchung in der Wüste, einsam bei den größten Taten seines Lebens. Christus wandelte unter uns wie ein Stern, der in ungeahnter Plötzlichkeit unser Firmament durchquert und den nur jene bemerken, die gerade zufällig hingeschaut haben. Sein Leben kam aus der Unbekanntheit, leuchtete plötzlich und gewaltig auf und ging in die Unbekanntheit zurück. Die Finsternis vermochte ihn „nicht zu begreifen". Um ihn herum sehen wir Menschen, die ihn nicht verstehen. Man führt gegen ihn Verbotslisten, Gesetze, Bräuche und Überlieferungen auf.

Dennoch lebte Christus diese Fremdheit seiner irdischen Existenz *„leicht"*. Er wußte, daß sein Wesen unbegreiflich, der großen Menge unzugänglich war. Er machte sich nicht viel Sorge darum, denn: Die vollendete Sprache wird gewöhnlich nicht gehört, das vollendete Sein nicht wahrgenommen. Er versprach uns nicht, daß wir durch ihn etwas „finden" werden. Er lehrte uns vielmehr das „Suchen", den Namen, der nicht genannt werden kann. „Suchet" – das war ein zentrales Wort seines Redens. Sein Leben kann nicht von der Logik unserer Kleinheit, von den Prinzipien der Selbstsucht her verstanden werden. Eine heilige Lebendigkeit waltete in ihm, eine Jugend der Seele. Nichts existierte in ihm, was dürr, verhärtet und unempfänglich gewesen wäre. Er lehrte uns eine Jugend des Geistes, eine Wiedergeburt, eine Metamorphose, eine Frische des Lebens, eine Fröhlichkeit, eine heilige Umwandlungsfähigkeit. Er sagte uns: „Fürchtet euch nicht" – „Wenn jemand sich nicht aufgibt, kann er das Reich nicht empfangen." Er war der „Anführer des Lebens", der „Anfang der neuen Schöpfung", der „Grund einer neuen Welt". Er forderte uns auf, ein „neuer Mensch" zu werden, uns „täglich zu erneuern“, auf eine „neue Schöpfung“, auf einen „neuen Himmel“ und auf eine „neue Erde“ zu harren, ein „neues Lied“ zu singen, einen „neuen Namen“, das heißt, ein von Grund auf verwandeltes Personsein, zu führen. Die Unbedingtheit des Neuanfangs lebte in ihm. Sein Wirken war eine Tat aus der gesammelten Einheit, aus dem Seinsgrund des Wesens. „Ich bin gekommen, damit ihr Freude, ja ein Übermaß an Freude empfanget.

Dieser „zentrale Mensch“, Christus, war *ein Freund aller.* Allen wollte er Hoffnung schenken. Hoffnung auf Erneuerung, auf echtes Leben, auf Freiheit. Somit ist er der „wahre Herrscher“: einer, der alles in die Einheit einfügen kann, ohne irgend jemand Gewalt anzutun. Er bewirkte, daß die Dinge und die Menschen sich aus sich selbst freuen. Er nahm das Leid von uns allen auf sich, ließ sich verunstalten. Gerade darin war er *König.* Er stand in Gemeinschaft mit allen, übte Liebe und Barmherzigkeit. „Kommt zu mir“, rief er, „die ihr da mühselig und beladen seid, und ihr werdet Ruhe finden.“ „Fürst des Lebens“ war er, das Galionslicht der Welt, das „jedem Menschen leuchtet“. „Zöllner und Sünder“ fanden bei ihm willige Aufnahme. Er sagte innerlich zu allen: „Ich verurteile dich nicht.“ Er verteidigte die Sünder vor den sogenannten Gerechten, nahm die Kinder vor den Erwachsenen in Schutz. Die Menschenseele fand bei ihm Heimat. Er trug eine grenzenlose Achtung für jegliche Kreatur in sich, eine zarte Aufmerksamkeit für jegliches Leben. Unbedingtes Leben zärtlich gelebt – das war die Existenzweise Christi.

Im Zusammenbruch seines Lebens hat Christus *alles verziehen.* Er fand Worte, die allen Vergebung brachten. Sein Gebet war: „Verzeih ihnen, denn sie wissen nicht, was sie tun.“ Er hat da nicht versucht, Antwort auf die Fragen der Politik, der Sozialstruktur der Gesellschaft, der Literatur und der Philosophie zu finden. Einem verlassenen und zerschundenen Menschen hat er noch eine letzte Hoffnung gegeben: „Heute noch wirst du mit mir im Paradiese sein.“ Für ihn zählte nicht, ob dieser ein Leben lang „anständig“ und „wohlgesittet“ war. Den armen Verbrecher neben ihm haben die Menschen festgebunden. Es war kein Entkommen mehr möglich für ihn. Aber Christus, der Vollender, sprach innerlich zu ihm, wie später der Engel zu Petrus: „Steh auf und gehe.“ Dieser Mensch konnte jedoch nicht aufstehen und nicht mehr gehen. Er gehorchte aber und ging dorthin, wohin seine angenagelten Füße ihn noch zu tragen vermochten, in den Bereich des Ganz-Anderen. Wer je von einem radikalen Umbruch der gesamten menschlichen Existenz geträumt hat, weiß von nun an, wie man eine solche vollbringt; durch Vergebung und dadurch, daß man selbst denen eine Hoffnung schenkt, die gar keine Hoffnung mehr zu haben scheinen.

Es wäre unerträglich, denken zu müssen, daß in der geballten Katastrophe des Lebens Christi niemand ihm beigestanden wäre. Es war ein Mensch zugegen, der diese restlose *Reinheit und Aufrichtigkeit* verstehen, innerlich in sich aufnehmen konnte. Eine einfache Frau. *Die Mutter.* In ihr, in seiner ursprünglichen Heimat, fand Christus eine letzte Zuflucht. Es „mußte" doch einen Menschen geben, der keinen Verrat in sich trug, keine Feigheit, keine Verleugnung des Lebens, keine Unehrlichkeit und auch keine Verstellung des Seins. Einen Menschen, der Christus innerlich ganz aufnehmen konnte. Mit diesem Menschen hat der „Vollender" noch einige Worte gewechselt, nur wenige. Sie brauchten ja einander nicht viel zu sagen. Diese Worte, wie unbeholfen sie auch sein mochten, werden in der Menschheit ewig weiterleben. Sie rufen uns auf, uns rein zu halten von jeder Machtgier, von jedem Mißbrauch der menschlichen Person, von jeder Lüge und jeder Unredlichkeit. Sie fordern uns auf, niemals einen Freund zu verraten, nie Menschen in ihrer Einsamkeit ersticken zu lassen, nie Verlassene abzuweisen, immer die Wahrheit zu suchen, nur auf die Gesinnung und nie auf das Ansehen zu schauen, uns dem Reinen, Edlen und Sauberen zu verpflichten. Diese Worte waren von einer reinen Einfachheit: „Mensch, du hast eine Mutter." So sprach Christus am Kreuz.

Diese in einem schweren Leben verwirklichte Haltung, die *Gesinnung der Menschwerdung*, hat Christus in seiner Auferstehung und Himmelfahrt in die Endgültigkeit gehoben. Dies war wohl eines der wesentlichen Momente der Auferstehungserfahrung der Jünger: Güte, Menschenfreundlichkeit, Verzeihung und Zuneigung sind der letzte Maßstab des Lebens geworden. Diese Gesinnung kann nicht mehr untergehen: Damit hat uns Gott – in Christus – einen neuen Anfang geschenkt.

So ist Weihnacht mehr als ein wenig „Stimmung". Sie ist Auftrag. Gott ist Mensch geworden. Er ist ein menschlicher Gott.

Er hat unter uns gewohnt. Auch von uns verlangt er schlichte Menschlichkeit. Diese besteht in der Freude und in der Nachfolge. Es ist schwer zu sagen, welches von den beiden schwieriger ist in unserer Zeit. Gott will, daß wir in der Freude leben und daß wir eingehen in den Nachvollzug des Lebens Christi. Dies ist die Botschaft, die Verheißung, aber auch die Forderung der Weihnacht.

Die christliche Freiheit

Eine „Lehre“ von der christlichen Vollkommenheit will keineswegs einen allgemeinen, von allen begehbaren Weg zu Gott weisen. Einen solchen Weg zu Gott gibt es nicht, weil es im menschlichen Schicksal eben nur das Einmalige, das Unersetzbare und das Von-Gott-so-und-nicht-anders-Gewollte gibt. Gott hat zwar die Möglichkeit zu ihm zu gelangen im großen und ganzen vorbestimmt, durch seine Offenbarung, welche uns von der Kirche nahegelegt und in gewissen Fällen sogar unfehlbar interpretiert wird. Dieser Weg ist aber sehr breit, und unsere eigene, individuelle Existenz ist sehr schmal. Die Frage ist also: Wie finde ich meinen Weg zu Gott? Wie finde ich meinen Weg innerhalb dieses allgemeinen Weges? Wie gelange ich vor das Antlitz Gottes. Dieser nur mir allein vorgeschriebene Weg ist auf keiner Landkarte des Geistes eingezeichnet. Alle Lehrweisen, alle Schulen der Frömmigkeit, alle Verfahren der Heiligkeit, alle Anweisungen der Beichtväter und alle frommen Übungen sind nur Ermutigungen, meinen eigenen Weg zu Gott zu finden.

Das eigentliche Leben des Christen ist ein „Charisma“. Dieses ist eine individuelle, nur diesem Menschen und sonst niemandem geschenkte Gnade. Diese Gnade ist von den amtlichen Organen der Kirche nicht vorauszusehen, durch die Sakramente noch nicht gegeben, überall vermutbar und deshalb überall neu zu entdecken. Mit dem „Charisma“ wurde eine dynamische Unruhe in die Kirche eingestiftet. Wenn es aber solche unmittelbare Wirkungen des Heiligen Geistes in der Kirche gibt, dann muß der einzelne selber die Gestalt, die Weise und das Gebiet seiner Heiligkeit finden.

Die Kirche bedarf des Charismatischen und Unableitbaren. Gott hat nicht abgedankt zugunsten des kirchlichen Verwaltungsapparates. Auch nicht zugunsten der hohen und höchsten

Stellen zugesicherten Führung durch den Heiligen Geist. Er ist selber der Geist, der weht, wo er will, und der auf Kinder und Toren, auf Arme und Einfältige, auf Frauen und vielleicht auf diesen und jenen theologisch Beschäftigten fällt. Alles Charismatische und Pfingstliche muß aber in der Kirche bleiben, in der Kirche der Verfassung, des Gesetzes und der autoritären Ordnung. Nur dort, wo das Charismatische dies aushält und wo das Amtliche das Charismatische tragend ordnet, ist das kirchliche Leben so, wie es sein soll.

Es hat immer schon auch nichtbeamtete Charismatiker in der Kirche gegeben, die Seelsorge ausübten. Die Propheten der Didache, die Mönchspneumatiker der alten griechischen Kirche, ein Benedikt und ein Franziskus, die keine Priester waren. Solche können zwar nicht im Auftrag der Kirche autoritativ auf die andern Glieder der Kirche einwirken. Aber wo ein solcher Charismatiker im Rahmen des Kirchlichen lebt und wirkt und wo Christen, die den Heiligen Geist in ihm erspüren, sich ihm willig erschließen, sollen ihm nicht aus unerleuchtetem Eifer oder Eifersucht oder aus Bürokratismus, der es nicht erträgt, wenn etwas nicht amtlich organisiert ist, unnötige Hindernisse in den Weg gestellt werden.

Das sind – bitte – keine „revolutionären Töne", sondern die ureigenste Lehre der Kirche über die Wirkungen des Heiligen Geistes. In seiner Enzyklika „Mystici Corporis" sagte Pius XII.: „Man darf nicht glauben, der Aufbau des Leibes der Kirche beziehe und beschränke sich allein auf die Stufenfolge kirchlicher Ämter. Die mit besonderen Pflichten und Rechten ausgestattete Gewalt stellte Christus zwar als Grundlage der Kirche auf. Aber er lenkt und leitet auch unmittelbar die von ihm gegründete Gemeinschaft. Er regiert nämlich im Geist und im Herzen des Menschen und sorgt so nicht nur für die einzelnen, sondern auch für die Gesamtkirche."

Der Christ hat also seine eigene, von niemandem sonst erfüllbare Aufgabe in der Heilsordnung zu entdecken, jene Aufgabe, die aus den allgemeinen moralischen und dogmatischen Prinzipien nicht abgeleitet werden kann und trotzdem für das Heil der gesamten Menschheit unentbehrlich ist. Jenes Innerste und Geheimste unserer Einmaligkeit – wovon Gott zum Propheten Jeremias sprach: „Ehe ich dich im Mutterleib bildete, erwählte ich dich, ehe du aus dem Mutterschoß kamst, berief ich dich. Zum

Propheten für die Völker bestellte ich dich" – sollen wir in uns entdecken. Wie kann der Mensch dieses Charismatische seiner Freiheit finden und es mit der Entschiedenheit seines Daseins auf sich nehmen? Auf diese Frage möchte ich hier abschließend eine Antwort finden.

Drei Zeiten für eine gesunde und gute Entscheidung

Es gibt im Menschenleben verschiedene Zeiten für eine Entscheidung. In unserem Dasein finden wir nirgends eine einförmige Zeit. Die Jahreszeiten bedingen Arbeiten des Ackermanns von einer je verschiedenen Notwendigkeit. Unser biologisches Leben ist stufenartig aufgebaut, und jede Stufe, jedes Lebensalter bringt andere Dringlichkeiten mit sich. Unser Seelenleben fluktuiert zwischen Traurigkeit und Hochgefühl, zwischen Niedergeschlagenheit und Trost. In verschiedenen Zeiten des Lebens treten uns je verschiedene Imperative entgegen. Je anders werden wir aufgerufen zum personalen Einsatz der Liebe, des Dienstes, des Kampfes und der Hingabe. Schließlich tritt uns Gott je nach unserer biologischen, seelischen und existentiellen Lebenslage anders entgegen: als Freund, als Richter, als Geliebter, als Höhe, als Tiefe. Auch seine Forderungen sind jeweils verschieden und bieten eine je einmalige, nie wieder in dieser Form zurückkehrende Gelegenheit, uns die immer neue Gnade Gottes anzueignen. Die „Zeiten" unseres Lebens auf uns zu nehmen, sie jedesmal in Freud und Leid auszukosten, ist eine echt christliche Aufgabe in der Welt. Die Offenbarung hat uns darauf ausdrücklich aufmerksam gemacht, so im Buch Kohelet (des Predigers):

„Alles hat seine Stunde, eine Zeit gibt's für jegliches Ding unter der Sonne. Eine Zeit für die Geburt, eine Zeit für das Sterben. Eine Zeit zu pflanzen, eine Zeit, das Gepflanzte auszureißen. Eine Zeit zu töten, eine Zeit zu heilen. Eine Zeit einzureißen, eine Zeit aufzubauen. Eine Zeit zu weinen, eine Zeit zu lachen. Eine Zeit zu wehklagen, eine Zeit zu tanzen. Eine Zeit, Steine zu werfen, eine Zeit, Steine zu sammeln. Eine Zeit der Umarmung, eine Zeit sich aus der Umarmung zu lösen. Eine Zeit zu suchen, eine Zeit zu verlieren. Eine Zeit aufzubewahren, eine Zeit wegzuwerfen. Eine Zeit zu zerreißen, eine Zeit zusammenzunähen. Eine Zeit zu schweigen, eine Zeit zu reden. Eine Zeit zu lieben, eine

Zeit zu hassen. Eine Zeit für den Krieg und eine Zeit für den Frieden" (Pred 3,1–8).

Im Alten Bund schickte Gott Propheten, deren Funktion es war, die verschiedenen Arten der Zeit der Gnade (kairos) zu verkünden. Christus wurde dann unser einziger Prophet. Durch die Eingliederung in Christus wurden alle Christen zu Propheten, zu Deutern der Zeit von der Gnade Gottes her. Diese „prophetische Funktion" des Christen muß sich in erster Linie auf sein eigenes Leben richten. Er soll sich unaufhörlich fragen: In welcher Zeit meines einmaligen Gnadenlebens stehe ich heute? Die Entscheidung darüber, was uns von der Gnade Gottes her jeweilig anders aufgetragen wird, hängt davon ab, ob wir erkennen, in welchem Gnadenmoment wir augenblicklich leben. Man könnte (im großen und ganzen) drei Arten dieser Erkenntnis unterscheiden.

Zeit der Gottunmittelbarkeit

Wir müssen in unserem Leben damit rechnen, daß wir intuitiv und mit absoluter Sicherheit erkennen, was Gott von uns will. Gottes konkreter Ruf in einer Menschenseele kann so mächtig sein, daß dieser Mensch keineswegs zweifelt, daß da wirklich Gott gesprochen hat. Der von Gott unmittelbar Angesprochene bedarf dann keines Beweises, braucht nicht mehr mit sich selbst zu Rate zu gehen, noch ist er auf den Rat eines anderen angewiesen.

Das sind Momente der intensiven Gnade. Paulus erlebte eine solche Gnade auf dem Weg nach Damaskus, Mattäus an seinem Zolltisch, Pascal in jener Stunde, von der uns sein „Memorial" Kunde gibt, Augustinus, als er mit seiner Mutter, gemeinsam an ein Fenster gelehnt, Gott „mit dem ganzen Aufschwung des Herzens berührte". In solchen Augenblicken weiß der Mensch mit Sicherheit, wie es um sein Leben steht, was an ihm falsch und was zukunftsverheißend ist. Ohne Bedenken und Zweifel soll er sich in solchen Momenten auf Gottes Führung verlassen. Da macht sich Christus, der Herr der Geschichte, zum Antrieb der Geschichte. Wenn wir zögern, uns auf diese einmalige, von niemanden voraussehbare und erzwingbare Eingebung einzulassen, dann haben wir Gottes Pläne mit der Menschheit, soweit dies von uns abhängt, vereitelt. Gott muß dann schauen, wie er seinen Heilsplan ohne unsere Zustimmung weiterführt.

Doch macht sich Gott nicht immer auf so unmißverständliche Weise bemerkbar, wie es in der Zeit der Gottunmittelbarkeit geschieht. Der Mensch muß oft selber herausfinden, was Gott von ihm will. Wie soll diese Selbstbeobachtung und Entscheidung geschehen? Mein Rat wäre hier einfach: Beobachte dich selbst! Aber: Diese Selbstbeobachtung soll nicht nur mit dem Verstand geschehen, sondern mit der gesamten Existenz. Voraussetzung dafür ist allerdings, daß der Mensch nach Gott strebt, das heißt sich im Zustand der heiligmachenden Gnade befindet, oder wenigstens meint, sich darin zu befinden – was theologisch auf das Gleiche herauskommt.

Die menschliche Seele ist ein Kampfplatz von Gedanken, Plänen und Wünschen. Nun steht der Mensch an einem Scheideweg. Er will etwas unternehmen, das anständig, gut, den allgemeinen moralischen Regeln entsprechend ist. Er weiß aber nicht, ob dieser Weg der ihm von Gott zugedachte ist. Auch ein anderer Weg steht offen, der auch gut, anständig und den moralischen Regeln entsprechend ist. Was ist zu tun? Ich möchte hierzu etwas sagen, das vielleicht einige Theologen nicht annehmen würden. Ich sage es aber dennoch, weil Ignatius von Loyola eben diese Weisung gegeben hat. Verlasse dich auf dein Gemüt, auf deine existentielle Empfindung. Ich möchte diesen Satz näher erklären.

Wenn du dir lebhaft vorstellst, wenn du den einen Weg, der dir offensteht, wählst, und dabei ein ungutes Gefühl hast, das vielleicht verschwommen und undefinierbar ist; wenn du dir sagst: Ich weiß es nicht, aber die ganze Sache befriedigt mich nicht ganz; warum, das kann ich nicht sagen. Dann würde ich einem solchen Menschen sagen: Laß die Finger davon. – Hingegen: Wenn du Freude und Tröstung empfindest, indem du dir den anderen Weg vorstellst, wenn dich ein Wohlsein befällt, zwar nicht vordergründiges, sondern ein bis ins Innerste der Existenz, ja bis ins Biologische reichende, dann wähle ohne Zögern diesen zweiten Weg.

In dieser Weisung ist etwas Großartiges vom Menschen ausgesagt. Wenn der Mensch in der Gnade lebt, dann erfährt er Gott mit allen Fasern seiner Existenz. Er lebt in Gott wie der Fisch im Wasser, wie der Vogel in der Luft. Mit den verborgensten, vielleicht für ihn selbst nicht mehr realisierbaren Instinkten seines Wesens fühlt er Gott selbst. Wenn er sich zutiefst „wohlfühlt", dann ist er in seinem Element, dann ist er in Gottes Willen. Wenn er aber empfindet, daß die Strömungen seines Lebens ihn von Gott „abtreiben", wenn er nicht mehr ruhig, von innen her gehalten ist, dann muß er zurück, muß wieder erspüren, woher der eigentliche Drang kommt.

Zeit der Überlegung

Ich möchte hier die natürliche Vernunft christlich lobpreisen. Jene Vernunft, die sich mit den Möglichkeiten des konkreten Lebens konfrontiert und sich fragt, inwieweit aufgrund der Eignung und der Fähigkeit, aufgrund der gegebenen Lebenssituation die größere Ehre Gottes gefördert werden kann. Die natürliche Vernunft steht von vornherein in Übereinstimmung mit Gott. Ihr Maßstab ist die Wahrheit. Wahrheit ist aber ein „Stück" aus dem Wesen Gottes. Überall, wo der Mensch von einer ehrlichen Suche nach Wahrheit bewegt wird, steht er unter Gottes Macht, ob er ausdrücklich darum weiß oder nicht. Noch mehr aber:

Das Wesen des Geistes besteht in seinem unbegrenzten „Hinausgetragensein" aus seiner geschöpflichen Enge, in einer Offenheit zum Sein. In diesem seinem Aufgebrochensein, in diesem seinem „Alles-werden-Können" ist der Mensch von vornherein begnadet, und zwar so sehr, daß es genügt, wenn er seinem eingeborenen Streben nach Wahrheit „nachgibt" (es bewußt nachvollzieht), um Freund Christi zu werden und damit hineinzugehen in das Leben der Heiligen Dreifaltigkeit. Das bedeutet: Jenes zu leisten, was wir gewöhnlich als „Begierdetaufe" zu bezeichnen pflegen, dem ich aber lieber den Namen „Taufe der Sehnsucht" geben möchte. Auf die menschliche Vernunft ist Verlaß. Vernünftig zu leben in der Welt, die Möglichkeiten, die Chancen zu berechnen, wissen, wozu man fähig ist und was einem versagt wurde, ist ein echt christliches Zeugnis.

Freilich ist für diese „übernatürliche Ausübung der natürlichen Vernunft" die Ruhe eine grundsätzliche Vorbedingung. Ich würde unter Ruhe verstehen: die Zeit der Befreiung vom Drang des „Unmittelbar-Nützlichen", des „Sofort-zu-Erledigenden" und des „Gleich-zu-Bearbeitenden". Sich solche Zeiten der Entspannung zu verschaffen ist unsere christliche Pflicht. In ihnen spricht Gott durch unseren erkennenden Geist in die Welt hinein, macht eine neue Zukunft möglich, gibt seinen Willen kund.

Diese drei Zeiten (oder drei Weisen) der Erkenntnis unseres gnadenhaften Schicksals müssen freilich einander ergänzen. Manchmal wird nur eine allgemeine Lebensrichtung gnadenhaft-intuitiv erfaßt. Diese muß dann nach langem Hin- und Herschwanken richtig „begriffen" werden. Schließlich soll die nüchterne Überlegung in „begnadeter Muße" ihr Licht auf den einzuschlagenden Lebensweg werfen. Nun frage ich mich, welches wohl die Voraussetzungen einer richtigen Lebensentscheidung sind.

Voraussetzungen der Entscheidung

Der in seiner Enge und Kleinheit eingeschlossene Mensch braucht unbedingt eine seelische Erschütterung, damit er der Größe seines geschöpflichen Auftrags innewerden kann. Um diese Bestürzung hervorzurufen, würde ich ganz einfache, vielleicht für viele zu massive Mittel empfehlen. Diese sind letzten Endes die wirksamsten. Sechs Voraussetzungen möchte ich hier erwähnen.

Die letzten Beweggründe

Die Grundentscheidungen des Lebens sollten von den letzten Gründen her geschehen. Diese Gründe sind: Lob Gottes, Erlösung und Liebe. All das klingt zwar sehr einfach, aber wie bedeutend ist der damit verbundene Zusammenhang. Man soll eine saubere Erforschung der Motive anstreben. Sind unsere Absichten rein? Suchen wir wirklich Gott? Wir sollten uns nicht durch Triebe in eine neue Lebenslage hineinschieben lassen. Günstige Arbeitsbedingungen, hohes Entgelt, Aussicht auf schnelle Karriere sind zwar auch saubere Motive für die Wahl eines Berufes oder eines Lebensstandes. Sind sie aber die letzten und die entscheidenden?

Der Mensch muß sich fragen, ob er (erstens) in der Lebenslage, die er sich als Zukunft erwählen will, Gott loben kann, das heißt, ob er darin so leben kann, daß dieses Dasein der ihm von Gott eingestifteten Eignung und Neigung entspricht. Er soll sich auch fragen (zweitens), ob er in dieser neuen Lebenslage seine Seele retten kann, das heißt, ob er sich nicht in die Unehrlichkeit hineintreiben lassen muß. Er muß sich auch (drittens) fragen, ob er die ihm ganz persönlich aufgetragene Liebe zur Kreatur verwirklichen kann, das heißt, ob er durch sein zukünftiges Dasein nicht verhärtet wird, ob er in seiner neuen Lebenssituation nicht Menschen zurückstoßen muß, die er gern hat und denen er wohltun möchte. Wenn sich diese drei Bedingungen (Lob Gottes, Rettung der Seele und die Liebe) in der neuen Lebenslage nicht ungehindert (oder nur schwer) verwirklichen lassen, dann soll man einen anderen Weg wählen.

Einen Freund beraten

Ignatius von Loyola sagt in seinem Exerzitienbuch: „Ich soll mir einen Menschen vorstellen, den ich nie gesehen noch gekannt habe. Ich soll ihm alle erreichbare Vollendung wünschen. Dann soll ich erwägen, was ich ihm sagen würde, was er tun oder erwählen soll zur je größeren Ehre Gottes, unseres Herrn und zur größeren Vollendung seiner Seele. Und ebenso handle ich selbst und halte mich an die Regeln, die ich für die anderen aufstelle" (Nr. 185). Ignatius von Loyola appelliert hier an eine tiefe Regung des menschlichen Herzens, an die selbstlose Hingabe an ein anderes Wesen. Hier müßten wir ganz klar werden, was das bedeutet.

Die reine Regung der Freundschaft haben wir bereits fast jedem Menschen gegenüber verwirkt. In irgendeiner Beziehung haben wir schon jeden Freund verraten. Vielleicht sind wir ihm in seiner Not nicht beigestanden oder haben ihm Böses gewünscht. Vielleicht haben wir ihn deshalb verraten, weil wir vordergründig an ihm hingen, ihn nicht loslassen wollten. Wir sind keinem unserer Freunde bis zum Letzten Freund gewesen. Deshalb gibt uns Ignatius von Loyola den Rat, eine „reine Freundschaft" zu schließen, uns einen völlig Unbekannten vorzustellen, einen Menschen also, der gleichsam die Züge der gesamten Menschheit trägt, und ihm alle erreichbare Vollendung wünschen. So kann die ganze Sympathie zum Sein aus uns hervorbrechen, das ungetrübte Ja zum Du. In dieser Stimmung sollen wir nun darüber nachdenken, was wir diesem Menschen sagen würden, wenn er in unserer Entscheidungssituation stünde. Dann aber den Ratschlag selber befolgen.

Diese Weisung spricht von einer großen Weisheit und einer tiefen Kenntnis des Menschenherzens. Oft kann nämlich ein Mensch, der in sich unsicher ist, anderen mit Klarheit sagen, was sie zu tun haben. Darin liegt eine besondere Gnade Gottes, die Gnade, für andere Gnade zu sein. Im Ansatz finden wir in dieser Weisung eine ganze Theologie menschlicher Freundschaft und vielleicht auch eine Richtungsweisung für unsere Zukunft.

Im Angesicht des Todes wählen

Wenn jemand über Heil und Unheil zu entscheiden hat, dann muß diese Entscheidung mit dem letzten Lebensernst vollzogen werden, dann muß sie ein Vorgriff auf die endgültige Entscheidung unseres Wesens, auf den Tod sein. Jede ernsthafte Entscheidung ist irgendwie die Situation des Todes, des Überganges in die Endgültigkeit. Deshalb ist die Wahl dessen, was wir in unserem Leben als endgültig ansehen möchten, ein Tod, ein Übergang in den Inhalt aller Inhalte, ins Herz aller Herzen, in das Endgültige alles Endgültigen.

Im Gedanken an den „eigenen Tod“ wird dem Menschen klar, daß seine Werke ewige Bedeutung haben, daß er sich frei hineinstürzen kann in die Verzweiflung, aber auch in die Abgründe der Freude. Ist der Tod die letzte Entscheidung, so ist und muß er bei jeder Entscheidung gegenwärtig sein. Wenn jede Entscheidung ein Vorgriff auf den Tod ist, so ist auch der Tod die letzte Entscheidung. Wenige Theologen haben bis jetzt erkannt, was für Möglichkeiten der Glaubensdeutung in dieser Einsicht liegen. Darüber hinaus: In der Wahl im Angesicht des Todes kann der Mensch wirklich erkennen, was in seinem Leben wichtig und was bedeutungslos ist. Er braucht sich nur vorzustellen, wie er daliegt, als Leichnam, und die Welt weitergeht, weil sie einfach weitergehen muß; wie seine Freunde ihren Geschäften nachgehen, weil sie ihnen einfach nachgehen müssen; wie einer kommt und ganz sachlich Vorbereitungen für die Beerdigung trifft, seine Sachen durchstöbert, nach seinem Testament sucht, Gäste einlädt; wie bei der Beerdigung Unwichtigkeiten geredet werden; wie man mit dem Leben des Verstorbenen bereits nach einigen Tagen nichts anzufangen weiß. An all das sollte man denken, wenn man herausfinden will, welche Entscheidungen in einem Leben wirklich Gewicht und Unzerstörbarkeit haben.

Entscheidung als Gericht

Je mehr man über die letzten Wirklichkeiten menschlicher Existenz nachdenkt, um so mehr wird es einem klar, daß es ein Gericht nicht geben kann, wenigstens nicht in dem Sinn, wie man es sich gemeinhin vorstellt. Gott richtet niemanden. Er hat es nicht nötig. Es genügt vollkommen, daß er seine Liebe offenbart. Die innere Einstellung des Menschen zu dieser Liebe ist bereits Gericht.

Darüber hinaus gibt es eine Wahrheit, die bei uns Christen zu wenig beachtet wird: Es ist peinlich und beschämend, ja kostet Überwindung, einem Freund zu sagen, er sei im Unrecht. Gott ist ein sehr vornehmer Herr. Wenn es um unsere Gegenliebe geht, dann bemüht er sich um uns, ja er ist willens, sich kreuzigen zu lassen. Wird er es aber der Mühe wert finden, uns unsere Sünden vorzuhalten? Nach einem Prophetenspruch des Islam (von den Moslems könnten wir Christen viel lernen) soll am jüngsten Tag jedem Menschen von Gott ein Brief in die Hand gedrückt werden. In diesem Brief steht: „Was du getan hast, hast du getan. Ich schäme mich aber, es dir kundzutun. So gehe denn. Ich habe dir verziehen." Freilich macht das in einem Sinn die Sache noch schlimmer, denn der Mensch muß selber über sich urteilen. Unsere Entscheidung ist Urteil über uns selbst. Gott überläßt uns das letzte Wort. Er sagt gleichsam: Mache, was du willst. Ich habe alles getan. Ich habe sogar den Tod auf mich genommen. Ich kann nichts mehr machen.

Vielleicht spricht Gott weiter: Es genügt, wenn du mit einem Zeichen deine Zustimmung zu meiner Liebe gibst. Ich werde dir in Ewigkeit nichts vorhalten. Ich bin größer, als du denkst. Aus diesen Überlegungen geht hervor, daß die Übung der „Entscheidung im Angesicht des Gerichts" keine fromme Vorstellung ist, sondern der bewußte Nachvollzug jener Dimension unserer Taten, in denen wir immer schon über uns selbst richten. Die bisherigen Einübungen in die Entscheidung waren nur Mittel, um jenen Zustand zu erreichen, den wir von Anbeginn an erstrebt haben. Dieser Zustand heißt:

Sich im Gleichgewicht der Waage halten

Nun ist die menschliche Existenz eine feine Waage. Sobald Gott diese Waage berührt, schlägt sie aus und registriert die kleinsten Bewegungen der Gnade. Da ist ein Menschenwesen entstanden, das fähig ist, Gott mit allen Fasern zu spüren und sich ihm in allen Lebenslagen frei zu schenken. Es hat sich zum „Instrument der Gnade“ gemacht.

Ein solcher Mensch ist geschmeidig, klug, ja berechnend, wenn es sein muß. Er ist unsentimental und klarsichtig. Er weiß zu unterscheiden, was möglich und was unmöglich ist. Wenn er durch die Tür hinausgeworfen wird, steigt er durch das Fenster ein. Er macht alles, was Gott von ihm verlangt, und – dies ist sehr wichtig – er hat Freude daran. Die Unruhe für Gott ist in seine Seele eingezogen. Er nimmt die Bewährung in der Schöpfungsordnung ernst. Jeder weltliche Bereich ist für ihn ein Auftrag. Er ist hellhörig für den Augenblick der Gnade, um wieder ein Stück Umwelt „einzuheiligen“. In ihm wird deutlich, daß das Christentum eine permanente Revolution ist, eine stille, gewaltlose, die der Herzen. Eine Umwälzung von innen statt von außen.

Dieser Mensch ist fähig, sich aus der Herrlichkeit der Prinzipien in die Mühsal der geschichtsrichtigen Imperative hineinzubegeben. Er weiß sich unter der Kontrolle einer oft mißtrauischen und nur selten wohlwollenden Welt. Deshalb übt er die Tugend der christlichen Untertreibung. Er weiß, daß je unbekannter, indirekter, dienstbereiter er als Christ ist, um so mehr seine Gnade in der Welt ankommen wird. Er sinkt ein in die Welt, um sie zu verwandeln. Er will nicht „hochwürdig“ sein, sondern eher als „liebenswürdig“ gelten. Oft fühlt er sich in der Welt als Einsamer, Alleingelassener. Unaufhörlich erfährt er: Es gibt in der Welt kein Gehege mehr, in dem man als Christenmensch vor der Bewährung sicher sein könnte.

Deshalb läßt er sich vom Geist Gottes führen, erfindet neue Methoden des Apostolates und der Seelsorge, fühlt sich für die konkrete Kirche verantwortlich. Dabei bleibt er in ständigem Kontakt mit Gott, um zu erfahren, was er mit der Welt anfangen will. Er mißtraut zugleich den Aktivisten. In solchen Menschen wird, oft auf leidvolle und unscheinbare Weise, die Welt, die Geschichte und die Natur wieder als Eigentum Gottes heimgeholt.

Nun ist das Heil erreicht. Gott hat überall seine Hand „im Spiel". Wer weiß schon, was Gott mit uns im nächsten Augenblick anfangen will. Der reiche Kaufmannssohn Franz von Assisi, der ziemlich ungebildete Offizier Ignatius von Loyola, das so einfältige Bauernmädchen Jeanne d'Arc wußten es nicht. Sie haben aber ihre Seele den Bewegungen der Gnade geöffnet. Darin, einzig darin bestand ihre Größe. Sie haben sich von sich selbst zu Gott hin befreit. Der Mensch ist frei, wenn er seine Handlungen der Ganzheit seiner Person entströmen läßt und sich dabei dem Willen Gottes preisgibt. Das ist befreites und zugleich mit seiner Befreitheit betendes Dasein. In ihm geschieht ein Aufbruch zur Gottesgemeinschaft im Kern der Existenz und der Welt.

Diese „befreite Existenz" wurde von einem Menschen, Pedro Ribadeneira, in den folgenden kernigen Sätzen beschrieben, mit denen er den Beruf der Jesuiten zu definieren suchte: „Unser Beruf verlangt Menschen, die der Welt gekreuzigt sind und denen die Welt gekreuzigt ist. Menschen, die sich von den eigenen Neigungen entblößen, um Christus anzuziehen. Die sich selbst starben, um der Gerechtigkeit zu leben. Menschen, die nach dem Wort des heiligen Paulus unter Mühen, Wachen und Fasten, in Reinheit, Erkenntnis, Langmut und Güte, im Heiligen Geist und in wahrer Liebe, im Wort der Wahrheit sich als Diener Gottes erweisen. Menschen, die mit Waffen der Gerechtigkeit zur Rechten und zur Linken, bei Ehre und bei Schmach, bei Schmähung und bei Lob, im Glück und im Unglück große Wege zum himmlischen Vaterland zurücklegen und auch andere mit allen erdenklichen Mitteln und Mühen mitreißen, immer die größte Ehre Gottes suchend."

Nachwort

Es ist sicherlich nicht leicht gewesen, all das, worüber in diesem Buch gesprochen wurde, menschlich und christlich nachzuvollziehen. Die schwierigste Aufgabe beginnt aber erst jetzt, da wir das Erkannte ins Leben übersetzen müssen. Dabei möchte ich meinen Lesern eine Weisung geben, die nicht von mir, sondern von unserem Herrn Christus kommt. Christus wollte nicht, daß uns alles gelingt. Seine Gebote sind nicht „Entweder-Oder", sondern eher das, was ich als „Zielgebote" bezeichnen möchte. „Zielgebote" sind jene Gebote, die uns Horizonte eröffnen, in die wir hineinschreiten müßten. Wenn wir die richtige Gesinnung haben, wenn wir versuchen, nach Christi Geboten zu leben, so sind wir auf dem richtigen Weg. Ob uns nun all das, was zum Beispiel Christus uns in der Bergpredigt gesagt hat, ehrlich nachzuvollziehen gelingt, darauf kommt es nicht so sehr an. Es kommt eher darauf an, daß wir – trotz Versagens – immer wieder versuchen, in seinem Geist zu leben. Wie vorhin schon gesagt: Christus wollte aus uns nicht „tugendhafte" Menschen schaffen, sondern Menschen, deren Sinn offen ist für seine Weisung und die in das Leben ein Mehr an Freude hineinbringen.

Veröffentlichungsnachweise

Elend und Größe christlicher Existenz
(Beitrag aus: In deiner Gegenwart. Herausgegeben von Karl Färber, Mario von Galli, Manfred Plate, Ulrich Schütz. Impulse und Orientierungen für das Leben aus dem Glauben. Verlag Herder, Freiburg–Basel–Wien, 1973. Seite 45–50).

Scheitern im Schicksal Jesu
(Beitrag aus: Die Frage nach Jesus. Im Auftrag des Direktoriums der Salzburger Hochschulwochen herausgegeben von Ansgar Paus. Verlag Styria, Graz–Wien–Köln, 1973. Seite 365–379).

Gebet des Gekreuzigten
(Unveröffentlicht).

Das Kreuz der Welt
(Vortrag im Südwestfunk Baden-Baden, Freitag den 24. 3. 1967, Karfreitag. Sonst unveröffentlicht).

Voraussetzungen christlichen Betens
(Beitrag aus: *Bewußtseinserweiterung durch Meditation.* Herausgegeben von Walter Strolz. Verlag Herder, Freiburg–Basel–Wien, 1973. Seite 7–21).

Fest der Hoffnung
(Unveröffentlicht).

Gott, unsere Zukunft
(Beitrag aus: *Gott heute.* Herausgegeben von Norbert Kutschki. Matthias-Grünewald-Verlag, Mainz, und Chr. Kaiser Verlag, München, 1967. Seite 127–138).

Strukturen christlicher Vollendung
(Beitrag aus: *Strukturen christlicher Existenz*. Herausgegeben von H. Schlier, E. von Severus, J. Sudbrack, A. Pereira. Echter-Verlag, Würzburg, 1968. Seite 251–262).

„*Und er hat unter uns gewohnt*"
Eine Weihnachtbetrachtung. Walter-Verlag, Olten, 1969.

Die Christliche Freiheit
(Unveröffentlicht).

Gesicht in der Menge

Die Herderbücherei jetzt 500 Bände alt

Siebzehn Jahre brauchte die Herderbücherei, um ihren 500. Band zu erreichen. Auf den 1000. Band brauchen die Leser keine zehn Jahre mehr zu warten. Die Taschenbuchredaktion hat in letzter Zeit ein neues Tempo vorgelegt. Statt zwei bis drei, erscheinen jetzt fünf bis sechs Bände im Monat. Flucht in die Quantität?

Das wird ernsthaft bestritten. Mehr Titel – das sei die Antwort auf mehr Fragen, die heute auf die Herderbücherei zukommen. Man spricht von Alternativrolle, in die man durch die doktrinäre Einseitigkeit anderer großer Serien gedrängt werde.

So entstand die Gelbe Serie (Gesamtauflage jetzt 300000), in der u. a. Helmut Schoeck, Hermann Lübbe, Wilhelm Hennis und Günter Rohrmoser eine wirksame publizistische Plattform fanden. Auch der 500. Band – eine kritische Zwischenbilanz unseres Zeitalters von Anton Böhm „Leben im Zwiespalt" – erscheint in dieser Titelgruppe. Ab Oktober 1974 wurde der Rahmen weitergesteckt. Herderbücherei INITIATIVE, ein von Gerd-Klaus Kaltenbrunner herausgegebenes Zweimonatstaschenbuch, soll den kulturrevolutionären Zukunftsvorstellungen ein Programm der praktischen Vernunft entgegenstellen. Die ersten Titel: Plädoyer für die Vernunft, Klassenkampf und Bildungsreform, Die Herausforderung der Konservativen.

Psychologie und Psychagogik sind das zweite große Thema der Herderbücherei. Hier reiht sich von Joachim Bodamers „Mensch ohne Ich" bis zu den Publikationen von Christa Meves, die in den letzten drei Jahren eine Taschenbuchauflage von über 500000 Exemplaren erreichte, Erfolg an Erfolg. Dabei ist in allen Bänden davon die Rede, daß der Mensch zunächst einmal sich selbst ändern muß, wenn er glücklich werden will. Auch die Serie Pädagogik, die seit 1973 das populäre Programm der Elterninformation mit Fachberichten für den Lehrer ergänzt, läßt utopische Weltverbesserungsideen links liegen und wendet sich der Schulwirklichkeit zu.

Daß die religiöse Frage nicht ausgeklammert werden kann, wenn man sich mit den Bedingungen einer humanen Existenz beschäftigt, ist selbstverständlich. Die Herderbücherei zog die Konsequenz daraus und brachte in regelmäßiger Folge Glaubensdokumente und aktuelle theologische Informationen. Die führenden Denker beider Konfessionen sind in der Autorenliste mit beträchtlichen Auflagezahlen vertreten, u. a. Karl Rahner (600000), der Friedenspreisträger des Deutschen Buchhandels 1974 Roger Schutz (250000), Hans Küng (70000) und Helmut Thielicke (50000). Für das Jubiläumsprogramm beschrieb der tschechische Schachgroßmeister Ludek Pachman seinen Weg vom Marxismus zum Christentum. Dem Lebenszeugnis des einzelnen mißt die Redaktion besondere Bedeutung bei.

Fünfhundert Bände – Rücken an Rücken gestellt eine Phalanx von 5,50 m – eine Vielfalt, die sich nicht auf ein paar Grundlinien reduzieren läßt. Wo soll man die „Blaue Serie“ einordnen, in der Experten, wie Carl Friedrich von Weizsäcker, Karl Steinbuch, Joachim Illies, Heinrich Zoller, Grenzfragen der Naturwissenschaften diskutieren? Wohin mit den Nachschlagewerken und Studienbüchern, die Semester für Semester ihren Käuferkreis finden? Darf man die historischen Taschenbücher unerwähnt lassen, die bewußt gegen den Trend der Geschichtslosigkeit geschrieben und verlegt werden?

Siebzehn Jahre Herderbücherei, das ist selbst schon ein kleines Stück Geschichte, am deutlichsten ablesbar am Verstummen der großen katholischen Literaturbewegung, die im Beginn der Reihe z.B. durch Reinhold Schneider, Werner Bergengruen, Georges Bernanos und Paul Claudel repräsentiert war. Von den literarischen Ansätzen blieb nur die Tradition eines G. K. Chesterton und eines Bruce Marshall: das humoristische Feuilleton, die hintergründige Zeitsatire. Dieses Gebiet wird von der Redaktion nach wie vor mit stiller Vorliebe gepflegt; denn das befreiende Lachen soll den Herderbücherei-Lesern nicht ausgehen. Ein optimistisches Vorhaben freilich, wenn man bedenkt, daß Herder nach einer neuen Allensbach-Umfrage 6 Millionen Taschenbuchkunden erreicht.

Herderbücherei

Herders Theologisches Taschenlexikon

herausgegeben
von Karl Rahner

bietet dem Benutzer in über 450 Großartikeln alles, was er für die Auseinandersetzung mit der Theologie und Bibelwissenschaft der Gegenwart, für ein vertieftes Glaubensverständnis und für den kritischen Verkündigungsdienst braucht.

8 Bände komplett in Kassette
Bestell-Nr. 16750